Feel-Good Productivity

HOW TO DO MORE OF WHAT MATTERS TO YOU

高效原力

用愉悅心態激發生產力，做更多重要的事

阿里・阿布達爾 Dr Ali Abdaal——著

盧相如——譯

suncolor 三采文化

第2部 解鎖(Unblock)——再也不拖延

4 建立確定事項

5 打散恐懼 174

第3部

續航（Sustain）——消除倦怠，享受複利效應

獻給咪咪和納妮——感謝妳們的愛、支持和犧牲。

引言

「聖誕快樂，阿里，可別害死人。」說完這些話，我的主治醫師一派輕鬆地掛斷了電話，留下我孤軍奮戰，面對整個病房區的病人。我是一名新手醫生，三週前犯了一個新手錯誤：忘記填寫請假單。現在，我得在聖誕節這一天，獨自管理病房區。

事態開始失控，很快便一發不可收拾。在我抵達醫院時，大批病患的病歷、診斷報告和電腦斷層掃描通知書排山倒海而來；對我這值班的放射科醫生來說，這龐大的資訊量大概要像經驗老道的考古學家才有辦法理出頭緒。幾分鐘過去，我遇到了當天的第一個急診病人：一名五十多歲的男子因嚴重心臟驟停而昏倒。接著一名護理師前來告訴我，有一名病人急需手動清便

（你知道我的意思）。

上午十點半，我在巡房；護理師珍妮絲慌慌張張地在走廊A奔走，懷裡塞滿了點滴瓶和藥單；走廊B，一位頑固的年長病人正大聲咆哮他的假牙放錯了地方；走廊C則被一個從急診科跑出來的醉鬼占據，他在走廊裡遊蕩，大聲喊著「奧利弗！奧利弗！」而我至今仍沒有搞懂奧利弗是誰。每分鐘都有人提出新的要求：「阿里醫生，你能去查看強森太太的發燒情形嗎？」「阿里醫生，你能不能去檢查辛格先生血鉀升高的情況？」

我很快發現自己陷入恐慌，因為醫學院並沒有教我做好這些準備。我一直都是個高效率的學生，每當遇到挑戰，我的策略很簡單：努力去克服。這個方法讓我在七年前進了醫學院，並在學術期刊上發表了幾篇文章，甚至讓我可以一邊讀書一邊創業。紀律是我唯一知道的生產力系統，它以往也確實有效。

只是現在紀律起不了作用。自從幾個月前當上醫生後，我覺得自己好像隨時要滅頂。即使工作到深夜，我也無法看多少病人或完成多少文書工作，而且我的心情變得很糟。我曾經很享受醫學院的培訓，讓我得以成為一名醫生，但我發現實際面臨的工作卻令人萬分沮喪，我總是擔心自己可能犯錯，害人喪命。我睡很少，和朋友減少聯絡，家人也無從得知我的消息，而我卻只能加倍努力工作。

現在正逢聖誕節，我一個人在醫院病房裡留守，幾乎無法熬過值班。

當我把一盤醫療用品打翻在地，讓注射器飛過油氈地板時，情況更是雪上加霜。我孤苦無依地低頭看著濕漉漉的醫護衣，意識到我必須理出頭緒，否則成為外科醫生的夢想將會從指縫之間溜走。

那天晚上，我掛好聽診器，拿起一個肉餡餅，打開筆電。我心想，我曾經是個萬事應付得宜的人，究竟我忘記了什麼？在醫學院的第一年，我沉迷於提高生產力的祕訣。我夜以繼日地閱讀數百篇學術論文，並加以註記、在部落格上發文，還拍攝影片說明能帶來最佳表現的關鍵。所有大師都強調艱苦奮鬥的重要。拳王穆罕默德・阿里（Muhammad Ali）的這句話經常出現在我耳邊：「我討厭訓練的每一分鐘，但我告訴自己：『不要放棄。現在所受的苦，將換取日後以冠軍的姿態度過餘生。』」

到了聖誕節隔天，[1]我徹夜未眠，翻看以前的筆記，想知道哪裡出了差錯。我是不是只要重拾以前的工作倫理就行了？但當我第二天回到工作崗位，決心做得更多的時候，情況並未好轉。即使在病房待到午夜，即使在上廁所時背誦阿里的話，我的文書處理速度還是沒有變快。我為病人看診時，還是一樣效率不彰、姿態疲憊，明顯欠缺聖誕節的洋洋喜氣。

在艱難的一天結束時，我感覺整個人瀕臨崩潰。不知為何，這時我想起了我的導師巴克禮博士曾說過的至理名言：「如果治療無效，就該質疑診斷結果。」

隨著時間慢慢過去，到了某一刻我突然懷疑起我所知道關於提高生產力的一切建議。成功真的需要受苦嗎？「成功」到底是什麼？受苦是長久之計嗎？感到疲於奔命對於完成工作有好處嗎？有什麼是我必須用健康和快樂去

1 譯註：節禮日（Boxing Day），也就是英國在聖誕節翌日慶祝的國定假期。

換來的呢？

我花了幾個月的時間才理出頭緒，而在跌跌撞撞的過程中，我發現自己對於成功的一切想法都是錯的。我無法在匆促奔忙的情況下當個好醫生，更努力工作也不能給我帶來幸福；若想達成目標，還有另一條路可走：這條路不會讓我總是焦慮不安、夜不能寐，也不會讓我過度依賴咖啡因。

雖然我當時還沒有全部的答案，根本差遠了，但是我第一次看到了另一種對待問題的方法。這種方法不依賴沒命似地勞碌工作，而是仰仗搞懂如何讓辛苦的差事變得更舒心。這種方法優先聚焦於我們自身的福祉，再利用這份快樂來驅動專注力和動機，我稱之為「愉悅生產力」（feel-good productivity）。

愉悅生產力的驚人祕密

我讀醫學院時，由於堅信自己充分掌握了高效率學習法，因此多花了一年取得心理學學位。當我開始拼湊愉悅生產力應該具備的條件時，我想起自己曾接受過的一項研究測試，它需要用到一支蠟燭、一包火柴和一盒圖釘。

想像你面前擺著這三件東西，你的任務是把蠟燭黏到牆上的軟木板，並讓蠟燭點燃時，蠟油不會滴到下方的桌子。你把這些東西放在手裡翻來覆去，苦思對策。你能想到解決辦法嗎？

遇到這個問題時，大多數人只會就蠟燭、火柴和圖釘去發想，但更有創新思維的人會想到利用圖釘盒。這個難題的最佳解決方案，來自於不只把圖釘盒看做一個容器，還可以把它當成燭臺。

這便是著名的「蠟燭問題」，一個針對創造性思維的典型實驗。它最早是由卡爾・鄧克爾（Karl Duncker）提出，並於一九四五年作者過世後發表，此後被用於無數的研究中，做為針對認知彈性

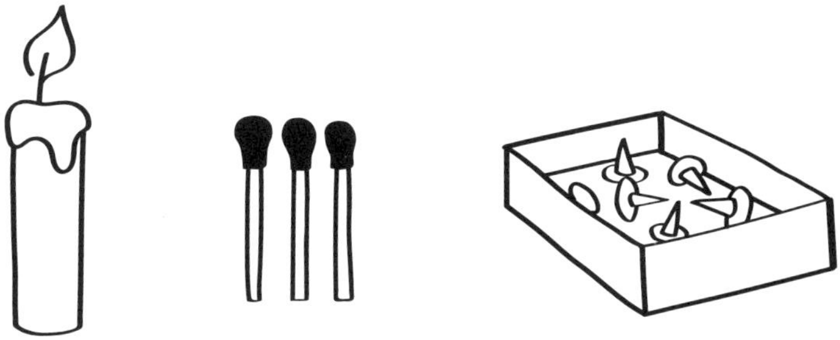

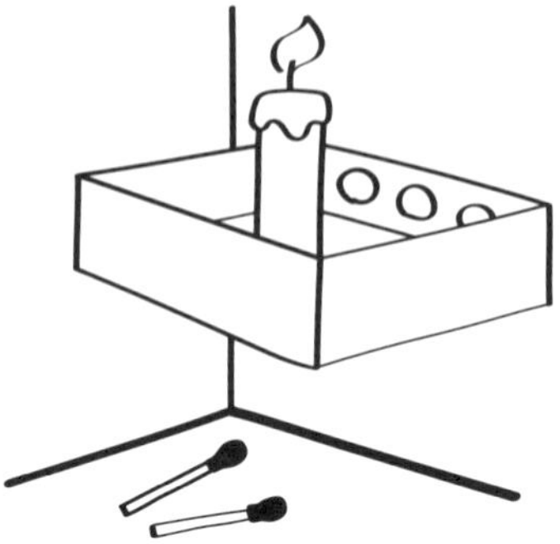

（cognitive flexibility）以及壓力對心理有何影響的實驗。一九七〇年代末，心理學家艾麗絲・伊森（Alice Isen）以此為基礎，進行一項頗具影響力的實驗，研究情緒如何影響人們的創造力。

伊森先將志願者分成兩組，其中一組在面對蠟燭問題之前，得到了一袋糖果做為小禮物，另一組則在沒有任何獎勵的情況下開始進行任務。這個理論背後的想法是，得到糖果的人在嘗試解謎時會有更正面的情緒。伊森發現了有趣的現象：那些收到禮物而使心情微微變好的人，在解決蠟燭問題時，成功率明顯更高。

我在攻讀心理學學位期間第一次讀到伊森的實驗，當時覺得有意思，但並不覺得會讓我的觀念徹底翻轉。畢竟就我個人而言，從未有過將蠟燭插在牆上的強烈衝動。但成為新手醫生再回頭看時，我意識到伊森的洞見相當深刻。她指出了感覺愉悅不只是感覺愉悅而已，實際上還會改變我們的思考和行為模式。

如今我知道，這項研究已成為一大基石，帶動一波波的研究潮流，探討正向情緒如何影響我們的多種認知過程。這項研究顯示，當我們處於正向情緒時，我們會考慮更多元的行動選項、對全新體驗抱持更開放的態度，並且更能有效整合我們接收到的訊息。換句話說，好心情能提高我們的創造力和生產力。

北卡羅萊納大學教堂山分校的教授芭芭拉·弗德里克森（Barbara Fredrickson）是最早探討其運作原理的一人，她也是正向心理學的領軍人物之一。正向心理學是心理學一個相對較新的分支，主要專注於研究如何理解和促進幸福感。一九九〇年代末，弗德里克森提出了她所稱的「擴展與建構」（broaden-and-build）正向情緒理論。

根據「擴展與建構」理論，正向情緒能「擴展」我們的覺察力，並「建構」我們的心理認知與社交資源。擴展是正向情緒直接產生的效應：當我們感覺良好時，我們的思維會變得開闊，能吸收更多資訊，也會看到周圍更多的可能性。試想前面提到的蠟燭實驗：在正向情緒下，受試者能夠看到更多潛在的解決方案。

建構是指正向情緒帶來的長期影響。當我們經驗正向的情緒時，我們會累積心理和情感資源的庫存，可以在未來幫助我們。這些資源包括心理韌性、創造力、解決問題的技能、人際關係和身體健康。隨著時間過去，擴展與建構這兩個過程會彼此強化，形成積極向上的螺旋，帶來成長和成功。

該理論提出了一種全新的方式來理解正向情緒在我們生活中的作用。這些情緒不只是稍縱即逝的感受，而是與我們的認知功能、人際關係和整體幸福密不可分。正向情緒是推動人類蓬勃發展的動力。

正向情緒是推動人類蓬勃發展的動力。

為什麼愉悅生產力有效？

當我最初學習「擴展與建構」理論時，我瞥見了另一種思考人生的方式。多年來，我一直以為只要努力工作就能實現願望。如果想當個好醫生，我就必須孜孜不倦地工作。

現在，我看到了另一種方法。弗德里克森的理論認為，正向情緒會改變我們大腦的運作方式，而第一步就是保有正向情緒，第二步則是做更多對我們來說重要的事。

為什麼會如此？我不禁納悶。隨著我鑽研越多，就越意識到箇中的解釋莫衷一是，而且在某些情況下甚至混沌不明。不過，科學家們已經開始聚焦在少數幾個可能答案了。

首先，感覺愉悅能增強我們的能量。我們大多數人都曾感受過一種能量，嚴格來說並非生理上或生物上的，不是只來自醣類或碳水化合物，而是來自於內在驅動力、專注和靈感的混合體。當你從事一項特別令人著迷的工作，或者當你被鼓舞人心的人圍繞時，就會感受到這種能量。它有許多不同的名稱，心理學家形容為「情感上」、「精神上」、「心理上」或「激勵性」的能量，神經科學家則稱之為「熱情」（zest）、「活力」或「被喚醒的能量」。儘管研究人員無法針對這些名稱達成共識，他們仍一致認為這種能量可以讓我們專注、獲得啟發，並擁有動力去追求目標。

這種神祕的能量來源是什麼？簡單來說就是：快樂的情緒。這種正向情緒與四種荷爾蒙有關：腦內啡、血清素、多巴胺和催產素，它們統稱為「快樂荷爾蒙」，能夠提振我們的精神。腦內啡通常會在進行體能活動、感受到壓力或疼痛時釋放，為我們帶來快樂的感覺，減少不適，而腦內啡水準升高，通常與能量和動機的增強有關。血清素與情緒調節、睡眠、食欲和整體幸福感有關，它支撐著知足、滿意的感覺，並賦予我們能量來高效完成任務。多巴胺又稱為「獎勵」荷爾蒙，與動力和愉悅感有關，它的分泌能為我們帶來滿足感，使我們可以更長時間地集中注意力。催產素被稱為「愛」的荷爾蒙，與社會連結、信任和人際關係的建立有關，能增強我們與他人交流的能力、提振情緒，進而影響我們的生產力。

這意味著，這些快樂荷爾蒙是良性迴圈的起點。當我們感到愉悅時，就會產生一股能量，進而提高我們的生產力。這種生產力會帶給我們成就感，而成就感則使我們再次感覺愉悅。

其次，感覺愉悅能減輕我們的壓力。

除了「擴展與建構」理論，芭芭拉・弗德里克森還提出了心理學家所謂的「抵銷假說」（undoing hypothesis）。弗德里克森和她同事們數十年的研究表明，負面情緒會釋放腎上腺素、皮質醇等壓力荷爾蒙。這在短期內不是問題，因為這個機制能促使我們逃離危險。但如果經常經歷這些負面情緒，我們就會變得焦慮不安，身體健康也會受到影響。當這些荷爾蒙不斷受到激發，甚至會增加罹患心臟病和高血壓的風險，這可不是什麼好事。

弗德里克森想知道：如果負面情緒具備對生理有害的效果，那麼也許正向情緒可以扭轉這些影響。感覺愉悅是否可以「重置」神經系統，讓身體進入更放鬆的狀態？

為了驗證這一點，弗德里克森提出了一項壓力測試研究。研究人員告訴一群受試者，他們有一分鐘時間準備公開演講，演講會錄影，再交由他們的同儕進行評判。弗德里克森知道人們普遍害怕在公開場合演講，她假設受試者的焦慮和壓力水準將因此提高。結果也確實如此；人們感到更焦慮，心跳加快，血壓也升高。接下來，研究人員隨機分配受試者觀看四部影片中的一部：兩部喚起輕微的正向情緒，第三部影片是中性的，第四部影片則會引發悲傷的情緒。然後，他們再測量受試者花費多少時間從壓力中「復原」。

研究結果不出所料，觀看了正向情緒影片的受試者，心率和血壓恢復到基本狀態的時間明顯更短；而那些觀看喚起悲傷情緒影片的人，心率和血壓恢復到基本狀態的時間則最長。

這便是「抵銷假說」：正向情緒可以「抵銷」壓力和其他負面情緒的影響。如果壓力是問題所在，那麼正向情緒將是解決問題的辦法。

愉悅生產力的最後一個功效也許最能讓人脫胎換骨，因為它已不僅僅侷限於單一的任務或計畫了：**感覺愉悅將會豐富你的生活**。二○○五年，一個心理學團隊針對幸福與成功之間的複雜關係，飽覽了他們所能找到的全部研究。他們鑽研了兩百二十五篇已發表的論文，涵蓋超過二十七萬五千名受試者的資料。他們想問的是，成功是否如同我們經常聽人說的，會令我們更加快樂？還是事實正好相反？

這項研究提供了明確的證據，證明我們對

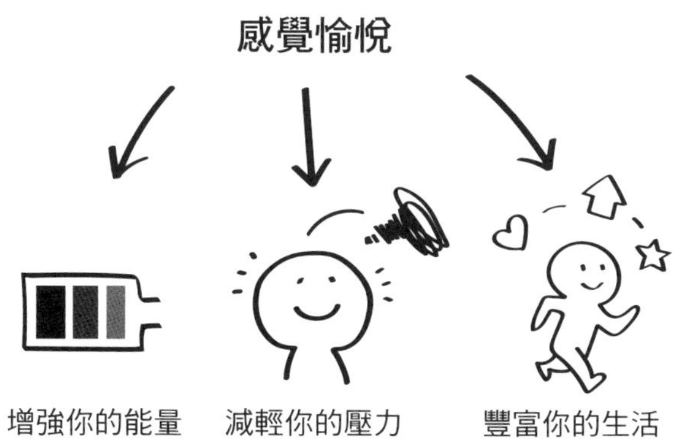
感覺愉悅
增強你的能量
減輕你的壓力
豐富你的生活

於快樂有一定的誤解。經常體驗正向情緒的人不只更善於交際、更樂觀、更有創造力，他們的成就也更高。這些人能給周遭環境帶來具有渲染力的能量，而這會使他們更有機會享受圓滿的人際關係、獲得更高的薪水，以及在專業領域中大放異彩。在工作中培養正向情緒的人會變得更善於解決問題、更懂得制定計畫和創意思考，也更具有心理韌性。他們比較不會覺得神經緊繃，也能獲得上司更高的評價，對組織的忠誠度也更高。

簡單來說：成功不會讓你感覺愉悅，但感覺愉悅會為你帶來成功。

成功不會讓你感覺愉悅，但感覺愉悅會為你帶來成功。

如何使用本書？

回到我當醫生令人折騰的第一年裡，這些發現大多還是超前了我的理解好多年。我當時無休止地值班工作，並試圖在看診的短暫空檔中穿插我的生產力研究。

即便是最基本的發現也足以使我與工作的關係發生巨大的變化。當我開始放下對紀律的執著，轉而專注於讓工作變得更舒心，原本可怕的值班開始變得輕鬆起來。很快地，我的心情也跟著好轉。還記得在我發現了愉悅生產力的幾個月後，有一次替一位長者看診，她對我說：「醫生，你知道嗎？你是這裡整整一週臉上始終掛著微笑的人。」

這些新觀點不只改變了我如何看待當醫生這件事，還徹底改變了我的人生方向。多年來，我第一次開始看到工作圈之外的機會，我的友誼、我的家人以及其他被我放到一旁的愛好。我很快就明白自己想要分享這些發現，所以這幾年我持續經營YouTube頻道，在上頭發布學習技巧、對科技的評論。現在，我想要分享我從心理學和神經科學學到的實用見解，把自己當作白老鼠，試驗我學到的一切以及我認為有效的策略。

隨著我提出「成功不必與痛苦相連」的變革性概念開始獲得關注，我收到了許多觀眾的來信。有些高中生在考試中取得了優異成績，有些企業主收入翻倍，有些家長則在工作和家庭之間取得更好的平衡，而這些全都因為他們採行了我所分享的策略。甚至連老練的專業人士也在久經職場風霜的消磨之後，重新找回了嶄新的能量、動力和方向。

我也是如此。隨著我深入研究，我也發展出一套哲學。最終，我因為遵循了自己學習的這些原則和策略，意識到自己想暫別醫學界去追求新的目標。

我正是在那時候明白了自己必須寫這本書。書中不會又是另一套幫助你不惜一切代價完成更多工作的生產力體系，而且關於如何去做更多對你來說重要的事情。它還將幫助你更加了解自己和自己的所愛，以及真正能激勵你前進的動力。

我的方法分為三個部分，各會說明愉悅生產力的不同面向。第一部分解釋了如何利用科學的方法，讓愉悅生產力啟動你的能量。這一部分介紹了支撐正向情緒的三種「能量源」——遊戲、自我賦權和人——並解釋如何將它們融入日常生活。

接著，第二部分將探討如何讓愉悅生產力幫助我們克服拖延症。你將了解使我們感覺很糟的三個「阻礙」：不確定性、恐懼和慣性，以及如何克服。當你消除了這些阻礙，不但能克服拖延症，還能因此感受到快樂。

最後，在第三部分，我們將探討如何維持愉悅生產力，以及三種不同類型的倦怠（burnout）：過勞倦怠、消耗性倦怠和錯位倦怠。我將解釋如何利用三種簡單的續航手法——省力、充電和校準——使我們的快樂不只能持續幾天或幾週，而是幾個月，甚至數年。

書中每一章都包含許多實用技巧，但我寫這本書的目的並不是要為你提供龐雜的待辦清單，而是帶來一種哲學：一種關於提高生產力的嶄新思維，使你能以自己的方式應用在生活中。

我希望你讀了本書之後，會變成一名業餘的「生產力科學家」，能找到有效的方法，摒棄其他用不上的東西，並務實行動，進而看清什麼能讓你感到快樂、取得更多的成就。這正是為什麼每一章包含了三個有科學依據的簡單觀念，讓你可以用來反思生產力，而且除此之外，還包括了六個能讓你在生活中採行的「實踐法」。如果這些實踐法對你有用，非常好；如果沒用，也會是不錯的「知識點」。在本書結束時，你將擁有一套工具包，可以把愉悅生產力應用到自己的工作、人際關係和生活。

我希望這些方法對你和對我一樣有效。因為當我浸淫在愉悅生產力的科學知識當中，我學到一件重要的事情：它適用於各個領域，能把艱巨的任務變成引人入勝的挑戰，也能加深你與同儕之間的關係，並在你每一天所做的事情中創造充滿意義的互動。

透過理解和運用使你感到快樂的方法，不只能改造你的工作，也能讓你的生活改觀。

愉悅生產力雖然做起來簡單，卻能夠改變一切。如果你曾感到快要沒頂，不必勉強自己載浮載沉，你可以學會自在優游。

讓我們潛入其中吧。

第 1 部

激勵

Energize

喚醒源源不絕的動力

1 遊戲化思維

表面上，理查·費曼（Richard Feynman）教授職業生涯的一切看起來都很完美。年僅二十七歲就已經被譽為他那一代最偉大的物理學家之一，並成為最有可能研究出如何發揮核能潛力的學者，而且是紐約州康乃爾大學最年輕的教授。

問題是，他厭倦了物理學。

這個問題始於一九四〇年代中期。每回當他坐下來思考時，他只感到疲憊。一九四五年六月，費曼的妻子愛琳死於肺結核，那是在第二次世界大戰結束前幾個月的美國。在她死後，這位年輕教授覺得生命中的所有美好都消逝了。曾經忠於學術研究的博士生，現在卻對此感到枯燥乏味、平淡無奇。

儘管他擅長教學，但教學在他眼裡成了一件無聊的苦差事。他後來回憶說，「我就是把自己榨乾了。」

「我經常去圖書館，翻閱《一千零一夜》，但到了該做研究的時候卻無法上工，我完全提不起勁。」他寫道。

他發現，什麼都不做令他感到輕鬆。他仍然喜歡替大學生上課，喜歡坐在圖書館裡閱讀和在校園裡閒逛，但他就是對工作提不起勁，事情就這麼簡單。一九四〇年代末，費曼適應了自己的新身分：一個不做物理研究的物理學教授。

直到有一天，一切出現了變化。在問題出現的幾年後，費曼獨自一人坐在大學食堂裡，對面坐著一群學生，其中一個學生反覆把盤子拋向空中。費曼注意到了一件奇怪的事情，盤子在空中搖擺不定，但是刻在盤子上的康乃爾大學校徽卻似乎比盤子本身晃動得更厲害。

費曼覺得好奇，儘管這個問題似乎不足以贏得諾貝爾獎。他可是曾幫忙破解了核分裂密碼的人，他不應該從理論的角度去研究一個拋向空中的餐盤。但這一瞬間的好奇引發了他小小的頓悟，他開始反思當初是什麼原因吸引他選擇了這門學科。「我以前很喜歡研究物理。」他後來回憶道。

「我為何樂在其中？我曾以此為樂，去做我想做的事，這與這件事對核子物理的發展是否重要毫無關聯，而在於它是否有趣，是否能讓我玩得開心。」

離開食堂後，費曼發現自己回憶起年少時如何看待這個世界。當他還在讀高中時，世界上最讓他著迷的事情，在別人看來卻平凡無奇。他看到順著水龍頭流出的水，越流越窄，他納悶是什麼決定了這條曲線。「我沒必要這麼做；這對科學的未來並不重要；別人已經做過這樣的研究了。」他說。「但這沒差，我還是會發明一些東西、玩一些東西，自得其樂。」

如果回歸這種世界觀是重新找到物理學樂趣的關鍵呢？他感到疑惑：物理是否不該被當作一份差事，而是一種為了樂趣而玩的遊戲？「我有了截然不同的嶄新態度，」他心想。「就像我讀《一千零一夜》是為了開心一樣，我也要跟物理學玩耍。只要我想做就好，不用擔心這件事是否重要。」

事情就從那個被拋向空中的盤子開始。隨後，費曼花了幾週建立方程式模型，來解釋盤子如何在空氣中移動。他的同事感到不解，問他這麼做的原因。費曼輕描淡寫地告訴他們：「沒什麼重要的原因，就只是為了好玩。」

費曼對於旋轉餐盤的研究越深入，這些問題就變得越迷人。很快地，他開始思考盤子旋轉的擺動是否與原子中電子的擺動相似，或與量子電動力學的運作原理相同。「在我意識到之前（儘管這段時間相當短暫），我已經和我以往愛不釋手的老問題『玩起來了』，其實也就是開始工作了。」只是這一回，這個與物理相關的研究，不再是「苦差事」。

費曼教授對旋轉餐盤的研究興趣最終為他贏得了諾貝爾物理學獎。他的擺動模型說明了人們該如何理解量子電動力學原理，而這個理論描述了光和微小粒子如何在量子的尺度上相互作用。他說，對於旋轉餐盤的想像，有助於他具像化這些粒子。

費曼並不孤單。據我所知，至少有六位諾貝爾獎得主將自身的成功歸功於遊戲。一九五〇年代發現DNA結構的詹姆斯・沃森（James Watson）和法蘭西斯・克里克（Francis Crick），將他們發現DNA結構的生成過程描述為「構建一套分子模型，然後開始遊戲」。發現盤尼西林抗生素的科學家亞歷山大・弗萊明（Alexander Fleming）曾把他的工作描述為「與微生物一塊玩耍」。二〇一八年的諾貝爾物理學獎得主唐娜・史崔克蘭（Donna Strickland）描述她的職業生涯是與「高強度的雷射光玩在一起」。康斯坦丁・諾沃肖洛夫（Konstantin Novoselov）因發現石墨烯而獲得二〇一〇年的諾貝爾物理學獎。他說：「如果你一心想要贏得諾貝爾獎，你鐵定贏不了，我們的工作方式就是盡情遊戲。」

越來越多的研究支持這種看待事情的角度。心理學家越來越相信，遊戲是真正提高生產力的關鍵，部分原因在於它能讓我們的身心放鬆。正如最近一項研究指出：「遊戲的心理功能是透過參與令人感到愉悅和放鬆的活動，恢復個人身體與心理的倦怠感。」

遊戲是我們的第一個能量源。生活充滿了壓力，遊戲則讓生活充滿樂趣。如果我們能將遊戲的精神融入生活，我們會感到更快樂，進而做得更多。

生活充滿了壓力，遊戲則讓生活充滿樂趣。

創造冒險

把遊戲帶入日常生活，說來容易做來難。成年後，我們很清楚自己不再輕易玩耍了。

孩提時候，生活中每天都充滿了冒險。我們探索花園的每一寸土地，在商場裡肆意奔跑；我們爬樹，在樹枝間盪鞦韆。我們不是為了目標奮鬥，也不是為了在履歷上多增加一筆資歷而努力。我們追隨自己的好奇心，享受各種活動而不必擔心結果。

隨著年齡增長，這種冒險精神慢慢被消耗殆盡。除非你的父母格外有遠見，否則你可能被教導成為大人的第一步就是停止玩耍，開始嚴肅對待生活。生活於是從滿滿的冒險，變成容易預料的平庸日子。

這是一個錯誤。因為事實證明，冒險是遊戲的第一要素，恐怕也是幸福的第一要素。

在二〇二〇年紐約大學和邁阿密大學的一項實驗中，科學家們試圖量化帶著冒險精神看待世界的影響。他們招募了一百三十多名受試者，並徵得他們同意，使用他們手機的全球定位系統追蹤他們的位置。在接下來的幾個月裡，研究人員向受試者發送簡訊，詢問他們的情緒：他們感到多快樂、多興奮或多放鬆？

結果令人大開眼界。隨著GPS的定位資料和簡訊回覆大量湧入，情況變得明朗：有些人更樂意隨興所至，把自己帶到更多樣的地方——無論是選擇新的上班路線，還是嘗試不同的咖啡館，而非堅守例行做法——這些擁有更多冒險經歷的人都感到更加快樂、興奮與放鬆。結論是：冒險生活是解鎖正向情緒的關鍵。

因此，利用遊戲潛能的首要方法是將冒險融入我們的生活。要怎麼做？

有了正確的工具，一樣可以找到使我們曾在購物中心狂奔、在樹枝盪鞦韆時獲得的興奮感。而第一步，正是選擇你的角色。

實踐法1 挑選你要的遊戲性格

我要先在這裡懺悔：我曾經沉迷於著名的線上角色扮演遊戲《魔獸世界》。在這個遊戲中，必須先選擇一個你要扮演的角色，術士、戰士、聖騎士或其他前往探索艾澤拉斯奇幻世界的各種角色。你可以與其他玩家組隊，在艾澤拉斯世界中穿梭飛行，並斬殺惡魔、升級武器，享受人生中最美好的時光。

這款遊戲出了名地會讓人上癮。我在十四歲發現這款遊戲後的三年裡，一共玩了一百八十四天。也就是四千四百一十六個小時。每天花三個小時坐在電腦前，這占據了我清醒時間的百分之二十五，簡直是一個天文數字。

為什麼《魔獸世界》讓我如此著迷？身為一個十四歲的孩子，沒有什麼比殺死怪物、完成任務更令人興奮的事。事實上，即使是成年人，這聽起來還是挺吸引人的。但如果這個簡單的事實解釋了為什麼遊戲的前幾個小時會很有趣，它卻可能無法解釋接下來幾千個小時的情況。老實說，在玩了一段時間後，遊戲的機制就不再那麼有娛樂效果了。對於被派去出任務，拯救當地村民的貓，你頂多也只有幾次會感到享受而已。

我開始懷疑《魔獸世界》之所以如此令人舒暢，並不是這款遊戲的設計，而是它提供了一個逃避現實的出口，一個生動、另類的世界，在這個世界裡你可以用魔法咒語殺死殭屍大軍，也可以馴服一條龍，騎在牠的背上飛行。更重要的是，這是一個你以角色身分進入的世界。在《魔獸世界》中，我從來都不是阿里．阿布達爾，那個對自己毫無自信、不擅長運動的書呆子，而是高大英俊的血精靈術士賽菲羅斯，身著紫色長袍，指揮著一支惡魔大軍。

遊戲讓我們可以扮演不同的角色或人物，無論是成為《魔獸世界》中的一員，還是在遊樂場與朋友們演出一段想像中的劇情。這些角色讓我們表達自我的不同面向，並將我們的經歷轉化為更愉快的體驗。當你扮演不同的角色時，你便展開了你的冒險經歷。

這實際上並不像聽起來那麼奇怪。選擇一個你想要扮演的「角色」，並不意味你在一夜之間個性丕變，也不意味著你得在同事面前裝扮成妖精。相反地，這意味著你可以找出最能與你產生共鳴的遊戲型態，選擇扮演其中一個角色。

史都華．布朗（Stuart Brown）博士的大部分職業生涯都在研究玩耍的心理學。作為一名臨床心理學家，在目睹了遊戲對病人的改變後，他開始研究遊戲的益處。最後，他甚至建立了國家玩耍協會（National Institute for Play），並成為加州大學聖地牙哥分校精神病學臨床教授。在這段期間，他對來自各行各業的五千多人進行訪談，其中包括藝術家、卡車司機以及諾貝爾獎得主，訪談題目是關於遊戲對於這些人的意義。

過程中，他發現大多數人只容易出現一兩種特殊類型的角色扮演。當我們找到最能引起共鳴的那些類型，我們就能開始扮演符合我們自己的「遊戲

八種遊戲性格

收藏家

競爭者

探索者

創造者

說書人

小丑

導演

動覺者

性格」（play personality），帶出我們的冒險精神。布朗博士在其研究中提煉出八種「遊戲性格」。

1. **收藏家**：喜歡收集和組織事物，享受尋找稀有植物，以及在資料檔案或車庫拍賣尋寶等活動。
2. **競爭者**：喜歡遊戲和運動賽事，以全力以赴和獲勝為樂。
3. **探索者**：喜歡漫步，透過徒步旅行、公路旅行和其他探險活動，發現新的地方和從未見過的事物。
4. **創造者**：在創作中找到快樂，他們每天可以花上幾個小時塗鴨、繪圖、製作音樂、從事園藝等等。

5. **說書人：**想像力豐富，並能利用自己的想像力娛樂他人。他們喜歡寫作、舞蹈、戲劇和角色扮演等活動。

6. **小丑：**努力逗人發笑，可能會透過倒立、即興表演或只是搞些惡作劇來逗你發笑。

7. **導演：**喜歡計畫、組織和領導他人，能融入多種不同的角色和活動，從指導舞臺表演到管理公司，再到從事政治或社會宣傳工作。

8. **動覺者：**在身體的活動中找到樂趣，如雜技、體操和花式奔跑（free running）。

以下是帶著遊戲的冒險精神，融入工作和生活的第一步。思考你最認同這些性格中的哪一個，並試著把自己當作這個角色來對待工作。如果你是

「說書人」，可能代表你可以想辦法把枯燥的工作變成能發揮玩心的故事，譬如要寫一封制式的郵件，你可以改成有開頭、中間和結尾，也許還包括意想不到的轉折。如果你是「創造者」，這意味著可以把填寫枯燥試算表的單調工作，變成帶有自我色彩、讓表單變成具有視覺吸引力的易懂圖表。

快樂在童年這段時光總顯得理所當然，而不是偶爾出現的狀態。冒險精神仍存於我們的內在，找出我們的遊戲性格，並加以探索，有助於重拾童年的冒險精神。正如史都華．布朗所說：「謹記遊戲的真諦，並使之成為我們日常生活的一部分，這是使我們感覺活得圓滿的最重要因素。」

實踐法2 從支線任務展開探索

「恐龍」一詞的原意什麼？

披頭四的哪首歌在美國單曲榜停留時間最長？

山姆大叔第一次蓄鬍時，美國當時的總統是誰？

這些問題並不只是酒吧裡的小測驗，而是出自美國加州大學戴維斯分校神經科學中心的研究人員在一項開創性實驗中的十九個提問。研究團隊向二十四名志願者提出這些問題後，要求每個人為每個問題的答案，根據自己的在意程度，從「漠不關心」到「高度好奇」加以評分。然後，他們讓這些問題在受試者的腦中沉澱一段時間。（順便一提，答案分別是「可怕的蜥蜴」、〈嘿！茱蒂〉和「林肯」。）

研究人員試圖探討好奇心對人的思維會產生什麼影響。首先，研究人員直覺認為，當人們對某件事情感到好奇，就能更有效地記住細節。沒錯，研究顯示，人們回憶覺得有趣的事，比起回憶無聊的事，成功率高出了驚人的百分之三十。

但更令人驚訝的是在人們回憶這些事情時，大腦中發生了什麼變化。當被問及一個引發好奇的問題時，透過腦部掃描可以發現，他們的神經活動似乎受到了多巴胺的刺激，產生了明顯不同。多巴胺是我們的快樂荷爾蒙之一，它還能刺激大腦中負責學習和形成記憶的部分。因此，對受試者來說，激發人們的好奇心將使他們感到快樂，進而令他們能夠更有效地保存資訊。

善用好奇心是為生活增添冒險色彩的第二個方法。好奇心不僅讓我們的生活更愉快，也讓我們更專注。作家華特・艾薩克森（Walter Isaacson）針對從達文西到賈伯斯等一些歷史上最具開創精神之人的生平，煞費苦心地研究了一番，他總結自己的發現：「對任何事物充滿好奇，不但能讓你更有創造力，也能豐富你的生活。」

那麼，我們該如何將好奇心融入生活？方法之一就是尋找我稱的「支線任務」（side quests）。在《薩爾達傳說》、《巫師》和《艾爾登法環》等電玩遊戲中，有幾十個支線任務等著我們去完成。這些支線任務並不影響遊戲的主線劇情，而是玩家在好奇心驅使之下，想知道：如果進入這個洞穴會發生什麼事？或者我試圖前往這個區域的最高點會如何？遊戲中許多最不為人知的祕密就隱藏在洞穴、森林和村莊裡，而玩家若按照基本的故事情節進行遊戲，並不會遇到這些支線任務。

我常常認為，我的人生包含了一系列的支線任務。每天當我坐下來工作時，我會查看行事曆和待辦清單，然後問自己：「今天的支線任務是什麼？」這個問題能幫助我轉換思路，從擺在面前顯而易見的待辦事項，轉向帶給我其他可能的替代路徑；它能促使我離開辦公室，到附近的咖啡館工作幾個小時，或鼓勵我探索新的軟體來解決我正在處理的問題。

每天在生活中添加一項支線任務，就能為好奇心、探索和玩心創造出一個空間，途中你將發現令人驚奇和意想不到的風景。

好奇心不僅讓我們的生活更愉快，也讓我們更專注。

找到樂趣

一九九〇年末一個滿天星斗的夜晚，俄亥俄州某所大學的一位年輕研究助理站在實驗室裡，手中捧著一隻老鼠。他用一支乾掉的畫筆輕輕刷著老鼠的白肚皮，期待會發生一些有趣的事。

一開始，什麼動靜也沒有，但後來老鼠突然叫了起來，倒不是因為痛苦，而是看起來在嘻笑。

科學家並不是為了好玩才給老鼠搔癢。事實上，他們在研究玩耍對人類大腦的生物性影響，也就是首席科學家賈克．潘克塞普（Jaak Panksepp）所謂的「快樂生物學」。當時科學界普遍認為只有人類才會有情緒體驗。一般認為情緒源於大腦皮層，但潘克塞普的研究發現齧齒動物也會笑，這提出了另一種看法：情緒來自大腦更原始的深層區域，如杏仁核和下視丘。潘克塞普發現，快樂是一種更深層次的原始體驗。

潘克塞普的重要發現是老鼠喜歡玩耍。他在實驗中花了大量時間記錄老鼠玩耍時發出的聲音。他描述這些聲音：「聽起來就像在遊樂場嬉戲一樣。」原因何在？遊戲會釋放多巴胺，能讓老鼠感覺暢快。

我們可以從這些齧齒動物身上學到一件事。潘克塞普的老鼠實驗證明了，如果想在我們做的事情中找到快樂，並不全然取決於大腦皮層相關的複雜區域，而是也取決於我們神經系統中更原始、更底層的部分，也就是同樣可在那些老鼠身上找到的快樂荷爾蒙。我們能藉由釋放多巴胺，讓我們保持快樂和投入。

但要怎麼做？答案可以從誘發多巴胺的具體因素中找到。哈佛醫學院發表的一篇文章指出，這種荷爾蒙可以透過「性愛、購物、聞到烤箱裡烘烤的餅乾香味」獲得。換句話說，也就是透過令我們感到有趣的活動。

因此，如果我們想發揮遊戲的革命性效果，第一步就是在所到之處尋找樂趣。首先，我們要從造訪迪士尼版的愛德華時代倫敦開始。

實踐法3 如果苦差事變得有趣

身為新手醫生，一開始總令人疲於奔命，我和室友莫莉決定重溫兒時最愛的《歡樂滿人間》（*Mary Poppins*）故事，讓自己沉浸在鳥兒朝氣蓬勃的世界裡，被超難懂的倫敦腔調和帶有女權運動色彩的音樂劇所環繞，哪怕只有幾個小時，也要藉此讓自己放鬆。

當時，我正在努力尋找動力來準備學士後醫學院考試。由於還有醫院的工作，讓我對迫在眉睫的考試期限和複雜的教科書內容大感吃不消。一想到下班後還得坐下來準備考試，簡直是場噩夢。

當我重看迪士尼版的《歡樂滿人間》時，意想不到的事情發生了。這部電影不只是關於擁有神奇力量的古怪保姆的故事，還蘊含了深刻的真理。影片中最著名的歌曲是〈一勺糖〉（A Spoonful of Sugar），當孩子們抱怨家事時，保姆瑪麗就會唱歌給他們聽。我幾乎不記得兒時聽過的歌詞，除了副歌：「一勺糖讓藥吞下肚……以最愉快的方式。」

二十多年後，看著這熟悉卻被我遺忘的場景，這首歌的開頭唱到：

在每項必須完成的工作中，

都有其樂趣所在。

你找到其中的樂趣，彈一下手指！

工作就變成了遊戲。

歌曲的其餘部分描述了雲雀、知更鳥和蜜蜂如何一邊工作一邊唱歌，使乏味的工作變得更有趣。（牠們的「歡樂曲調」顯然是為了「推動工作」吧——只可惜，我後來發現這個推論在鳥類學上並不正確。）

我決定把這個想法應用到生活中。在一個靈感湧現的深夜裡，我拿起簽字筆和一張便利貼，寫下了九個簡單的字：**若很有趣是什麼模樣？**

我把便利貼黏在電腦螢幕上，再上床睡覺。第二天，等到我看見電腦螢幕上的便利貼時，早已忘了自己把它貼在那裡。那時我剛從醫院回來，準備開始研讀一些醫學的生物化學路徑，為考試做準備。我像往常一樣不情願地坐下來，但當我看到便利貼時，不禁開始思考：**如果要**讓讀書變得有趣，會是什麼模樣？

我立刻想到了第一個答案：如果讀書要變得有趣，首先得有音樂。聽著耳機播放《魔戒》的原聲帶，我發現乏味的生物化學路徑神奇地變得有趣多了。突然間，音樂成了我在念書時注入更多趣味的一種重要方法。

我也開始在工作中運用這種方法。當時，我在長青醫學院實習，醫生辦公室是病房角落裡一間裝飾簡陋的小房間。在某個特別難熬的下午，當我坐在辦公室裡，面前擺著一大堆事務時，我決定採用「音樂娛樂法」。由於沒有帶喇叭，於是我從廚房拿了一個碗，把手機放進去，用碗充當擴音器。我打開Spotify，小聲播放《神鬼奇航》的電影原聲配樂，度過了當天剩下的工作時間。這麼做的效果驚人，我感覺明顯好多了。

「若很有趣是什麼模樣？」已經成為我生活中指引方向的問題，而且它簡單好上手。試想一件你現在不得不做的差事，然後自問，如果這件事很有趣會是什麼模樣？能不能換一種方式去做？也許加點音樂、幽默感或創意？或者，你和朋友一起合作，或決定在任務結束時犒賞自己？

有沒有辦法能讓勞心傷神的過程變得更加愉快？

實踐法4　在枯燥的過程加一點……

還有一種方法可以讓你在做任何事情的過程中找到樂趣，你甚至不用重看二十世紀中期的兒童電影。以下這位身高五英尺七英寸、留著漂白金髮的西班牙少年就是最好的證明。

二〇二一年八月，阿爾貝托．吉內斯．洛佩斯（Alberto Ginés López）在東京夏季奧運會上成為首屆攀岩運動金牌得主，登上了領獎臺。當他在東京青海都市運動公園的五彩牆壁上完成了一系列驚人的體能壯舉時，全世界都為之驚歎。最令人印象深刻的是競速攀爬，參賽者必須像蜘蛛人一樣盡快爬上一道牆，而洛佩斯僅花費六點四二秒便登頂摘下金牌。

當群眾看著洛佩斯和同臺的攀岩者以令人眼花撩亂的速度攀爬時，大家也注意到這項運動似乎有些不尋常。這不只是因為選手們看起來走波希米亞風格，頭髮挑染成五顏六色，安全吊帶色彩鮮豔，和一般田徑運動員的服裝大不相同；而是競賽過程中，他們似乎顯得更加放鬆，既沒有迴避目光接觸，也沒有緊張地關注競爭對手在岩壁上攀爬的一舉一動。多位攀岩者似乎都在岩壁下方愉快地聊天，甚至分享攀岩技巧。當他們開始攀爬時，臉龐並沒有像多數短跑選手或是足球員那般痛苦地用力。事實上，他們似乎非常樂在其中。

這些攀岩者展現了我們尋找樂趣的第二種方法：看重來自過程本身的快樂，而不是結果。根據匈牙利裔美國心理學家米哈里．契克森米哈伊（Mihaly Csikszentmihalyi）的觀點，攀岩與足球等運動的最大區別在於，大多數攀岩者完全沉浸於攀岩的過程，而不是贏得比賽。契克森米哈伊這位「心流」研究先驅提到在這種狀態下，我們會沉浸在一件事情當中，世界上的其他一切則都消失無蹤。契克森米哈伊還是青少年的時候，在阿爾卑斯山觀察登山者，因而發展出這套理論。他認為如果我們能夠學會關注過程，而不是結果，我們就更能享受一項事務。

但要怎麼做？也許以攀岩來說，這很容易，因為攀岩本身就很有趣（至少對某些人來說）。但如果你發現自己處於枯燥乏味甚至令人厭煩的情境之中，又該如何是好？

或許我們可以說，在這樣的情況下，關注過程反而會更有用處。因為，無論一件事看起來有多麼平凡瑣碎，我們只需要添一點創意思維，就能在過程中找到快樂。

我們可以看看馬修・迪克斯（Matthew Dicks）的故事。這位世界級說故事高手兼暢銷小說家在第一部作品問世之前，曾在麥當勞打工。他厭倦這份工作，覺得事情一成不變。馬修告訴我：「每天重複同樣的例行工作，一遍又一遍。接單、將漢堡肉翻面、分裝薯條。沒有激情、沒有火花、沒有挑戰。」

於是他決定改變現狀，看看能不能從工作過程中找到樂趣，而不去專注在工作的結果，也就是他那少得可憐的薪水。他想到了一個絕妙的策略：追加銷售（upselling）。他回憶說：「我會選一天當成燒烤醬日，然後在那一天，我會在每次客人點餐時來一次小推銷。當顧客點了一份大麥克和薯條，我會問他們要不要來點燒烤醬。如果他們說不要，我就會微笑著說：「這個嘛，我真心推薦燒烤醬，它的滋味無與倫比。」通常在這個時候，他們會有點吃驚，接著說：「那好吧，我要加醬。」如果對方還是堅持不要，我就會說：「好吧，但你真的錯過了一大美味。上一位客人原本不太情願，但當她嚐了醬汁之後，就知道自己做了正確的決定。」

馬修說，日常工作中的這些微小變化產生了意想不到的效果。用他的話說，這些看似不起眼的策略「只是為了讓顧客更開心，並讓我在感覺漫長的日子裡更有活力」。這個策略對他而言十分奏效，他發現自己對上班工作充滿了期待，渴望搞清楚自己能說服多少人嘗試燒烤醬。

儘管馬修的工作過程本身並不討喜，但他卻創造了一種樂在其中的方式。透過這麼做，他在枯燥乏味的情境之中找到了樂趣。

減輕壓力

如果說冒險和樂趣能增進我們遊戲的能力，那麼有一種因素卻會減低這樣的能力，那就是壓力。為了了解其原理，讓我們再一次呼喚本章中最不幸的實驗對象：小白鼠。

這群小白鼠的午後時光可不像另一群被筆刷搔癢的小白鼠那般開心。這次，來自哥倫比亞大學的科學家找來一群處於不同發育階段的小白鼠，並在每隻小白鼠的頭頂放置一個網罩，使其受到隔離，無法自由活動。然後，科學家讓牠們維持這樣的狀態三十分鐘。

不出所料，這個做法證明對小白鼠造成很大的壓力。在被網子隔離之前，小白鼠們互相打鬧、玩耍、嬉戲。但在鬆開網罩後，研究人員發現，小白鼠的玩耍行徑完全消失了。相反地，牠們湊在一起，不再嬉鬧。幸好，歷經一個小時的緊繃情緒後，小白鼠的玩耍行為又恢復到了原先的水平。

對人類的研究雖然沒有如同對動物的研究那般殘酷，但也發現了類似的結果。兒童在舒適、不帶威脅的環境中，更有可能玩耍。而對工作場所的成年人進行的研究發現，放鬆感會促進遊戲行為，並提高創造力和幸福感。

這些研究和其他無數的研究都證明了多數人直覺上知道的事實：當壓力過大時，我們不太可能有玩樂的興致，而我們的創造力、生產力和幸福感也會因此受到影響。

這一切暗示了遊戲的最後一項要素，為了激發玩心，我們不只需要追求冒險和尋找樂趣，還需要努力創造一個低風險、能讓人放鬆的環境。而透過重新看待失敗，我們可以做到這一點。

實踐法5 用實驗心態看待失敗

二〇一六年，美國太空總署一位訓練有素的工程師馬克・羅伯（Mark Rober）招募了五萬人來嘗試一項新的電腦挑戰。他告訴受試者，他想證明任何人都可以學會編寫程式，接著他讓這群人從事一系列相對簡單的編寫程式挑戰。

事實上，實驗比羅伯所說的複雜。關鍵在於針對受試者出錯時所收到的回應。半數受試者被分為第一組，當他們編寫的程式無法正常執行時，會收到一條錯誤資訊：「您失敗了。請重新嘗試。」

另一半人則被分為第二組，他們收到的錯誤訊息略有不同：「您失敗了。失去了五分。現在還有一百九十五分。請再試一次。」除此之外，兩組的實驗程序完全相同。

然而，這個細微差別卻帶來了驚人的差異。第一組面對程式編寫題目時，平均嘗試了十二次，成功率為百分之六十八；第二組平均只嘗試了五次，成功率為百分之五十二。

我第一次聽說這個實驗時感到非常驚訝。純粹只是任意施加毫無意義的「懲罰」，在人失敗時扣五分，就能讓第二組這些來自世界各地的兩萬五千人，平均願意嘗試解題的次數降到不及第一組的一半。

你可能已經猜到，羅伯感興趣的並不是教人寫程式，而是我們如何看待失敗。他的目標在於指出，負面結果也會對我們造成不成比例的巨大衝擊，即使懲罰只是任意安排的亦然。而這些後果讓我們害怕失敗，即使我們大可不必如此。

不過，如果有另一種看待失敗的方式呢？讓我們得以把失敗看作在所難免，甚至是有趣的事情呢？這就是羅伯試圖找出的答案。他曾在美國太空總署工作了九年，又在蘋果公司擔任專案設計師，後來轉往YouTube，成為科學教育者，羅伯的實驗證明了他在工作的世界中注意到的一點：成功無關乎你有多常失敗，關鍵在於你如何看待失敗。

在一次演講中，羅伯分享了這一實驗的發現，他問道：「如果我們能重新看待學習的過程，讓我們不那麼在意失敗，我們可以多學多少東西？我們又能多獲得多少成功？」羅伯知道要成功編寫程式，勢必經歷嘗試、失敗與再嘗試的過程。這些所謂的失敗並不是真正的失敗，而是獲致成功所必須搞懂的「知識點」。

我在撰寫本書的過程中，經常被羅伯的洞察力給打動。因為他的研究提供了洞見，幫助我們減輕壓力，以及創造可以盡情遊戲的環境。試想，如果你因為失敗而加了五分，而不是像那個實驗一樣失去五分，生活會是什麼模樣？如果人們因為你的一個小失誤為你歡呼，而不是羞辱你，又會發生什麼事？如果你以做實驗的心態看待事情，把失敗當作和成功一樣有價值，那又會是什麼光景？

如此一來，你對於人生這場遊戲的看法是否略有改觀？突然間，賭注降低了許多；突然間，你有餘力去嬉鬧一下了。

如果你的目標是找到令人愉快滿足的職涯，而你假設某公司職位將令你感到滿意，那麼你的知識點收集過程也許是透過實習和短期工作來取樣。帶著實驗的心態，萬一某一份實習做了之後令你討厭，這並不是「失敗」或「浪費時間」，而是另一個知識點，能幫助你意識到這份工作不是你想要的。

如果你的目標是打造一個成功的企業，那麼你的知識點收集過程可能包括測試不同的商業概念、產品或服務。秉持實驗的思維，如果你推出的產品反應不如預期，這並不代表失敗或災難，它不過是可以幫助你改進戰略、更加了解目標市場的另一個知識點。

如果你的目標是發展一段有意義的關係，那麼你的知識點收集過程可能包括約會、參加社交活動和接觸新朋友。抱著實驗的心態，如果第一次約會之後沒有下文，或是一段友誼沒有開花結果，都不意味著失敗，它們都只是幫助你了解你和誰對盤的另一個知識點。

任何失敗都不只是失敗而已，而是一次嘗試新事物的邀請。

任何失敗都不只是失敗而已，而是一次嘗試新事物的邀請。

實踐法6 別太嚴肅，真誠就好

一旦我們重新看待失敗，視之為成功的必經過程，就更容易消除壓力，讓我們得以把遊戲精神融入生活。不過，還有一個方法也同樣充滿威力，這是我從世界上最了不起的佛學大師那裡學到的。

艾倫·瓦特（Alan Watt）出生在英國肯特郡的奇斯爾赫斯特（Chislehurst），這是英格蘭南部一個不起眼的郊區。他在生命的最初幾年裡，認為自己注定成為銀行職員或律師。然而，幼年時期因發燒而經歷一場夢境般的神祕體驗，使他對東亞宗教產生了興趣，改變了他的一生。在接下來的五十年裡，他成為東方哲學的權威，出版了多本關於東方哲學的暢銷書，講述禪宗和道教對宇宙的啟示。

當我在寫這本書的幾個月前，偶然看到瓦特的演說，立刻被他看待世界的深刻程度所震撼，他的觀點與我的「愉悅生產力」理論不謀而合，特別是他的一句名言：「不要嚴肅看待，而要真誠以對。」（Don't be serious. Be sincere.）

瓦特在一次題為「個人與世界」（The Individual and the World）的著名演講中，概述了我們在理解世界時所犯的一個關鍵錯誤。他引用二十世紀初英國作家卻斯特頓（G. K. Chesterton）的話：「在輕浮中，蘊含著一種可以揚升的輕盈；但在嚴肅中卻有一種重力，會像石頭一樣往下沉墜。」他說，對於理解禪意的人而言，這句話相當真確。他總結道：「嚴肅和真誠截然不同。」

這是什麼意思？嗯，想像你在玩遊戲，比方說大富翁，沒有人想和一個嚴肅看待這遊戲的人玩。我們都遇過這樣的狀況：嚴肅的人太在乎輸贏，他們會把房間裡的能量吸走，執著於拿著說明書，考據是否真的可以用「機會卡」經過起點來獲得兩百英鎊的獎金，因而破壞了其他人玩遊戲的興致。

不過，我們也不想和一個對遊戲毫不在意的人一起玩。這種人心不在焉，也不會積極努力、盡其所能。即使你拒絕支付五十英鎊的出獄費，選擇大膽的擲骰子策略，賭賭看能否擲出相同的數字，他也不會在你走運出獄時向你祝賀。跟這樣的人玩一樣也不有趣。

沒錯，與真誠玩遊戲的人一起玩最有樂趣。他們真心對待遊戲，全心投入遊戲的體驗，但又不會認真到執著於輸贏。他們能夠開懷大笑，對自己的錯誤幽默以對，同時享受朋友的陪伴，而不會過分在乎勝負或規則。

當我們以這種態度對待工作和生活時，將會有很多收穫。我發現，當工作讓我感到壓力、焦慮或精疲力竭的時候，就很容易忘記保持真誠而變得過於嚴肅。在這些時刻，一點得失都顯得舉足輕重，令人難以承受。不過，有一種方法可以降低這種壓力，箇中訣竅很簡單：當你覺得工作讓人精疲力竭或不堪負荷時，試著問自己：「我該如何少一點嚴肅、多一點真誠？」

若你在工作中遇到一個棘手的計畫，真誠以對而非嚴肅以待，你就能專注於完成每項階段性任務的過程，而非執著於最終結果。你會尋求他人的意見和合作，而不是試圖獨自完成計畫。當你這麼做時，可能會發現帶著遊戲精神來看待事情會更容易，讓你得以在過程中保持專注和動力。

如果你帶著真誠，而不是嚴肅地對待求職面試，你就不會對面試結果過度緊張和感到壓力，而是能集中精神，全心投入當下。你也可能試著與面試官建立更多人際連結，而不是單純試圖用資歷來打動對方。如此一來，你將可以輕鬆自如地進行面試，並在面試結束後對自己的表現感到更加自信和滿意。

如果你帶著真誠，而非嚴肅地寫一本書，你可能會決定在第一章向《魔獸世界》致敬，藉此向你的未來讀者說明，即使在創作個人的第一部重要作品時，你還是可以輕鬆以對。如此一來，即使你是在講述生產力科學這樣的內容，你也有望讓自己的文字充滿樂趣。最終，你將得以減少壓力，玩得更盡興。

我不是唯一這樣想的醫生。在《實習醫生》（*Grey's Anatomy*）影集中，由派屈克．丹普西（Patrick Dempsey）飾演的英俊神經外科醫生德瑞克．謝波德（Derek Shepherd）在每次手術開始時都有一個儀式。

他會向團隊致意，播放一些令人振奮的背景音樂，然後說：「這是拯救生命的美好一天，讓我們來找點樂子吧。」

重點回顧

- 不要把一切看得太嚴肅。如果你想實現目標，不想毀掉自己的生活，第一步就是以遊戲的心態看待工作。
- 將遊戲精神融入生活有三種方法。首先，創造冒險。當你進入正確的「遊戲性格」時，每天都會有很多機會讓你把生活看成一場遊戲，充滿了驚喜和支線任務。
- 第二，找到樂趣。記得瑪麗・包萍說的：每項必須完成的工作都有其樂趣，即使不一定顯而易見。試著問自己「若很有趣是什麼模樣」，再根據這個答案打造你的計畫。
- 第三，減輕壓力。只有當你認為失敗時，失敗才是失敗。並不是每個問題都需要嚴肅以待。不妨少一些嚴肅，多一些真誠來看待工作。

2 自我賦權

二〇〇〇年九月，里德．海斯汀（Reed Hastings）和馬克．藍道夫（Marc Randolph）試圖將他們剛剛起步的公司Netflix賣給百視達（Blockbuster Video）的執行長。結果並不順利。

他們把賭注押在了他們認為具革命性的影帶租賃模式。顧客可以登入一個網站，選擇想看的ＤＶＤ，再透過郵寄的方式拿取、歸還。然而，儘管他們傾盡全力，公司的資金還是大失血。他們有一百多名員工，卻只有三千個付費客戶，而在年度結算時，他們虧損了五千七百萬美元。

他們想要退出市場。經過幾個月的電話和電子郵件往返之後，他們終於與百視達的老闆約翰．安帝奧科（John Antioco）安排在達拉斯的公司總部會面。這是一個大好機會：百視達是一家市值六十億美元的上市公司，在全球擁有九千多家分店，在美國的影業市場也占據主導地位。但是會面的狀況卻不如預期。一開始安帝奥科和他的法律總顧問艾德・史泰德（Ed Stead）態度友好、彬彬有禮，他們仔細聆聽海斯汀和藍道夫向他說明百視達應該收購Netflix的原因：為網路時代提供新型的影視租賃服務。但隨後安帝奥科提出了關鍵大問題：「多少錢？」

「五千萬美元。」

現場沉默了片刻，然後安帝奥科爆出笑聲。

十年後，百視達申請破產：因為他們無法跟上線上影音串流的腳步，逐步關閉了大部分的門市，最終宣告破產。又過了十年，Netflix的影音串流媒體服務市值達到三千億美元，被譽為全球最具創新力的公司之一。

Netflix從遭到百視達高層訕笑到躋身全球最有價值的企業，這樣的轉變究竟是如何辦到的？這個嘛，有幾個可能答案。有人認為是海斯汀和他團隊的真知灼見，有的則歸功於他們有幸趕上網路剛起飛的階段，但最常見的解釋則將Netflix的成功歸結於一個更單純的原因：企業文化。

在Netflix剛剛起步的時候，海斯汀聘請珮蒂．麥寇德（Patty McCord）擔任Netflix的人資長。麥寇德之前曾在其他幾家科技公司擔任人力資源的職位，她對傳統的人事管理方式並不滿意，希望能創造一種文化，讓員工掌控自己的工作。海斯汀與麥寇德一起建立一套價值觀，以此引領公司文化，其中一大觀念就是注重自由和責任。這一微妙的轉變極具革命性，麥寇德徹底改變了Netflix對待員工的方式。她廢除了傳統的政策，如休假日、固定工作時間和績效考核等，改為賦予員工更多的權力。只要員工的工作達標，他們就可以做自己喜歡的事情。

這種方法一開始遭到不少質疑，但隨著公司發展壯大，人們發現這種做法顯然有效。Netflix的企業文化不僅有助於吸引、留住頂尖人才，還帶來了更好的創意：Netflix讓他們的創意團隊主導新節目和電影的開發、製作，而非仰賴市場調查和焦點團體等傳統方法，因而成為我們這個時代最傑出的影音串流企業。

麥寇德將她對自由和責任的關注概括為一個簡單的詞：權力。這是一個微妙的詞，隱含了負面之意，讓人聯想到極權獨裁者、高壓的老闆，或是在暗處不擇手段操控他人的人。有些人看到「權力」這個詞，往往會心想「那個人不是我」。

如果你是這樣的人，我希望你換個角度思考權力。當麥寇德使用這個詞時，她指的是一種掌控自己的力量：你的工作在你的**掌控**之中，你的生活掌握在**你的**手中，而關於你的未來**由你自己**決定。這種力量不是我們施加給別人的，而是我們自己感受到的，是一種讓我們想在屋頂上大喊「我能辦到！」的能量。

權力是我們的第二個能量源；是感覺愉悅和充滿生產力的關鍵因素。最重要的是，它不需要從別人那裡取得，而是你能為自己創造的東西。

增強自信

我們的權力科學之旅始於實驗室裡的一個實驗，集結了一群厭惡運動的受試者。

二十八名缺乏運動的女學生引發了伊利諾大學厄巴納香檳分校幾位科學家的研究動機。他們發表在《國際行為醫學雜誌》（*International Journal of Behavioral Medicine*）的論文，試圖驗證一個簡單的假設：我們對自己運動能力的信心將會對運動的實際成效產生巨大影響。

實驗開始時，二十八名女學生被要求在固定的時間騎健身自行車，以測量她們的心率和最大容氧量（運動時身體可吸收和使用的氧氣量）。運動結束後，研究人員根據學生們的表現將她們分成兩組。經過短暫的休息後，他們告訴A組（「高自信」組）學生，相對於其他同等閱歷的同齡女性而言，她們最為矯健；而B組（「低自信」組）的學生則被告知，她們最不矯健。接著，他們讓這兩組女學生等上幾天。

事實上，這一切都是經過策劃的詭計。「高自信」組的運動表現其實並沒有更好，而「低自信」組其實也不差。事實上，她們是被隨機分配成兩組，而她們在運動測試中的表現與研究者所傳遞的訊息毫無關係。科學家們真正感興趣的是接下來的階段：三天後，受試者被要求回到實驗室進行大約三十分鐘的運動，並請她們針對自己有多享受這個新活動進行評分。

結果相當驚人。研究人員發現，比起被告知狀況較不理想的「低自信」組，被告知自己身手矯健、身體健康的「高自信」組更能夠享受運動的時間。這對於強度更大、更具挑戰性的運動來說，情況更是如此；當要求受試者騎乘健身車的強度更大、時間更長時，兩組之間的差異變得更加明顯。遭遇困難時，那些相信自己能做到的人，無論他們的能力如何，都能夠做到被要求達到的目標。更重要的是，自信心更強的那些學生，最終也更喜歡從事運動。

這項研究探索的是一個簡單的問題：我們的自信心水準如何影響我們的表現？從前前後後的許多相關研究來看，這個問題的答案都很簡單：自信心對於我們的表現非常重要。如果我們對自己完成某項任務的能力充滿信心，就會使我們在從事這項任務時感到快樂，並幫助我們做得更好。

這一見解的起源可以追溯到加拿大裔美國心理學家艾伯特·班杜拉（Albert Bandura）的發現。班杜拉在一九二五年出生於亞伯達省的小鎮蒙達雷，並於二〇二一年去世。他是歷史上最具影響力的心理學家之一，而這種影響力要大大歸功於他在一九七七年提出、使他一舉成名的概念：自我效能（self-efficacy）。當時，班杜拉根據自己過去十年的研究，指出對於人類的表現和福祉而言，重要的不只是我們的能力，而是我們對自身能力的感受。自我效能是他為了描述這些感受而創造出的術語，指的是我們對自己能夠實現目標有多強的信念。

若稍稍簡化來說，自我效能有如「自信」的心理學行話，而採取行動增強自我效能，是我們建立心理賦能（empowerment）的主要方法。自班杜拉提出自我效能這一概念以來過了半個世紀，數百名研究人員表明，我們對自身能力的信心越高——也就是自我效能感越高——我們的能力就會變得越強。

到了一九九八年，心理學家亞歷山大．史塔克維奇（Alexander Stajkovic）和弗雷德．魯坦斯（Fred Luthans）依據涉及近兩萬兩千名受試者的一百一十四項研究，終於能確認班杜拉的理論是對的。相信自己做得到，是確保自己真的做到的第一步。

相信自己做得到，是確保自己真的做到的第一步。

實踐法1 打開自信心開關

雖然自我效能的概念聽起來很有意思，但其實並不令人驚訝。你可能覺得，我們的自信水準當然會影響我們的能力啊。畢竟任何人只要見過堅信自己非凡出眾的自我中心主義者，是如何在屋內四處散發魅力的，都能對這一點了然於心。

不過，自我效能最令人吃驚的地方，或許在於它的可塑性。因為自從班杜拉開始研究自信的科學，他就注意到了另一個驚人的現象：教人學會自我效能感是簡單的事情。經過幾十年的研究，他得出結論：自信並非與生俱來，而是透過學習獲得。

班杜拉在提出這一革命性的觀點後，繼續花了幾年時間，研究一些可讓自我效能感脫胎換骨的簡單工具。就拿話語的說服力量來說，班杜拉喜歡指出一個關於自我效能的簡單道理：你說的話往往會成為你所相信的真理。因此當你聽到「你能辦到！」、「就快成功了！」等正面的微小鼓勵，就足以對你的自信水準產生非凡的影響。

一般來說，我們不難想像這些鼓勵之語出自家人、朋友、同事或私人教練的嘴巴；但妙的是，我們也可以向自己傳遞這類正面的訊息。

二〇一四年，班戈大學（Bangor University）的科學家們發表了一項關於自我打氣的研究結果。每位受試者都接受測試，以了解他們的「精疲力竭時間」，也就是他們騎了多久健身車才會感到力不從心、無以為繼。如同我們前面提到的健身車實驗，受試者接著休息了兩週。不過，這次的第二階段有所不同。兩星期後，當他們回來騎健身車時，被分為兩組。其中一組獲得了正面自我對話的介入，他們要從「你做得很好！」、「你可以辦到！」等一連串的鼓舞之語中挑出四句，在騎車時告訴自己，而另一組則沒有這樣的提示。

儘管科學家原本認為，不可能單靠這種微小的自我激勵改變受試者的表現；但事實證明，這麼做其實有效。接受「自我打氣介入」的小組，最終大大降低了他們的「感知消耗率」（RPE，即騎車時的費力程度感），並明顯改善了他們騎車時的「力竭時間」（TTE）；另一組的表現則與之前完全相同。

這項研究表明，只要扮演自己的啦啦隊，就能大大影響自己的生產力。我在讀完這份研究之後的幾年裡，想出了一些具體可行的方法，其中我最喜歡的就是「打開自信開關」；換句話說，就是挑戰自己，讓自己即使信心不足，也要表現得彷彿對眼前的任務充滿信心。

這個方法做起來甚至更簡單。下一次，當你覺得自己還不夠好、不想冒險一試時，只需問自己：「如果我對做到這件事真的充滿信心，會是什麼樣子？如果我當作自己有信心做到，並如此面對這件事，又會是什麼模樣？」

當我在大學裡的舞會和派對上表演魔術時，我經常使用這個方法。（是的，我就是這麼酷。）我的工作就是穿上燕尾服，走到一群群參加派對的人面前，替他們表演幾個魔術。儘管我練習了不下數千次（只要問問我的朋友就會知道），但對於走近一群陌生人，打斷他們的談話，再展露我最喜歡的紙牌魔術時，我還是會忐忑不安、結巴連連。在那些自我懷疑的時刻，我會深吸一口氣，在內心打開自信的開關；我會提醒自己，我只是在扮演一個充滿自信的魔術師。即使我內心感受不到一丁點自信，也要表現得好像我是個既自信又能幹的傢伙。我的態度隨之產生了巨大變化，我會面帶微笑，大搖大擺地走到陌生人面前，流利地說著我的臺詞；每當我離開人群時，我都會感到如釋重負，因為我的策略奏效了。

這種方法的影響力經常令我感到驚訝。只需片刻，就足以把一個業餘魔術師變成專業魔術師，或是把一個糟糕的業餘音樂家變成吉他英雄、一個害怕上臺的人變成最有魅力的演說家。

下次當你覺得某項事務或計畫特別困難時，問問自己：「如果我真的很有信心做好這件事，會是什麼樣子？」只要自問這個問題，就能在眼前描繪出自己充滿信心地完成手頭任務的模樣，因為你已經打開了你的自信開關。

實踐法2 代入成功的經驗

口頭打氣並不是班杜拉想出來增強自信的唯一方法，他還對我們從身邊的人那裡獲得自信的方式感興趣。

關於箇中原理，我最喜歡的一項研究是由克萊姆森大學（Clemson University）戶外實驗室所操刀。請注意，這可不是普通的科學實驗室。它座落在南卡羅來納州哈特威爾湖邊一個樹木繁茂的半島上，坐擁數間小木屋、登山小徑和水上運動設備，卻看不到半個培養皿。實驗室的休閒裝潢掩蓋了嚴肅的科學功能。多年來，實驗室成了許多開創性心理實驗的進行地點。比如二〇〇七年一項針對三十八名介於六到十八歲的兒童所做的研究，他們受邀來使用大學的攀岩牆。

剛到實驗室時，學生們被告知今天的目標是登上攀岩牆頂端（克萊姆森戶外實驗室的一大特色）。這是一個令人生畏的任務，他們大多數人甚至從未見過攀岩牆。負責這項研究的科學家感興趣的是哪些學生能夠完成任務，以及怎樣做才能讓他們更有可能成功。

孩子們並不知道，在他們到達之前，他們已經被分成了兩組。第一組觀看一小段影片，影片中的人爬上攀岩牆，而這堵牆與他們所要攀爬的牆很像；第二組則沒有觀看任何影片。除此之外，兩組的其他實驗過程都一樣。

令人驚訝的是，僅僅觀看一小段影片就足以產生戲劇性的效果。儘管兩組受試者在剛到岩壁時都接受了同樣的指導，但觀看過其他攀岩者「示範」攀登影片的受試組，表現好多了。他們對自己的攀岩能力更有信心，也更喜歡這項活動，因此拿出了更好的表現。

為什麼這個小小的改變會帶來如此巨大的差別？如果讓班杜拉來說，他會將之歸因於「替代性成功經驗」（vicarious mastery experience）。當你目睹或聽到別人在某項任務中的表現，而你也即將面對這項任務，看過別人的例子將會增強你的信心。

我們之中多數人都經歷過「替代性成功經驗」。請想像一下，你正為了工作中的一項大型研究計畫而苦惱。當只有你一個人在做這項工作時，你會感覺很艱巨。經過了幾天，進度停滯不前、令人擔憂，你開始斷定這件事不只是很難而已，而是根本不可能完成。隨著你越來越相信自己正在嘗試的事情完全無法做到，你就會越來越遠離目標。

現在想像一下同樣的任務，只不過這次在起步之前，你先看了別人介紹他們針對類似主題的研究計畫。儘管他們簡報的內容大不相同，但你知道這類型的任務並非不可能完成，因為你剛剛才看到別人的成功案例。因此，你透過間接的方式變得更有自信，相信自己可以勝任。

班杜拉認為，如果身邊有其他人在克服挑戰時表現出堅持不懈和努力的態度，將可以增強我們的自我效能感，因為他們證明了這些挑戰是可以克服的。用班杜拉的話來說就是：看到與自己相似的人透過持續努力取得成功，會讓觀者更加相信自己也有能力駕馭類似的事務，進而取得成功。

就像正面自我喊話的方法，我們可以將這些替代性的成功經驗融入生活。我最喜歡的方式就是汲取我的榜樣們以不同形式創作的內容。我發現，當我閱讀書籍、收聽播客或觀看影片，了解別人如何在我想要加強的領域獲致成功時，我的自信心會顯著增強。

例如，我在醫院工作時，經常收聽皇家內科學院（Royal College of Physicians）製作的醫學播客。聽到不同醫生如何進行不同的診斷和治療，能使我增強自信，並用於工作之中。

當我建立自己的第一個線上頻道時，我花了很多時間收聽「獨立創造者」（Indie Hackers）的播客，這個節目採訪了多位創業者，他們在自家臥室打造出令人難以置信的個人事業。他們在訪談中講述自己面臨的挑戰，以及如何克服這些挑戰，大大增強了我應對類似挑戰的信心。

在邁向作家的新生活中，我發現比起其他多數方法，藉由觀摩、聆聽，甚至採訪成功人士的經驗，更能提振「我也能辦得到」的自信。

這是一種任何人都可以利用的工具。找到那些和你經歷同樣挑戰的人，並與他們共度時光，或想辦法聽聽他們的故事。讓自己沉浸在成功的替代經驗，你就能在腦中寫下一個強大的故事：如果他們辦得到，你也可以。

如果他們辦得到，你也可以。

從做中學

天行者安納金是塔圖因星球上的小孩，八歲就展開他的旅程，駕駛極速飛梭試圖贏得比賽。在接下來的《星際大戰》三部曲中，他學會使用原力，接受光劍訓練，成為銀河系中最強大的絕地武士之一。

凱妮絲・艾佛丁是來自施惠國第十二區的十六歲少女，靠著非法狩獵來養活母親和妹妹。在她自願參加致命的饑餓遊戲後，我們看到她成為一名熟練的弓箭手和戰略家，組成意想不到的聯盟，帶領人們反抗壓迫他們的都城。儘管困難重重，她卻成為整個國家希望和反抗的象徵，也就是傳說中的學舌鳥。

在我個人很喜歡的《降世神通：最後的氣宗》這部電影中，主角安一開始只是一個來自小村莊的孩子，努力控制著自己對氣元素的力量。在整個系列中，他不斷探索這個世界；我們看著他最終成長為強大的「神通王」，掌握了土、氣、水和火這四種元素。電影最後，他甚至在一場與烈火王傲賽的史詩般對決中拯救了世界。

這三個故事線，以及千百年來的故事和傳說，都說明了增強能力的方法。每個主角在一開始都是年輕、缺乏經驗的學徒，隨著時間過去，我們會看到、讀到或聽到他們克服重重困難，不斷成長，他們的每一次出擊都為下一次、下下一次的成功做出了貢獻。

班杜拉替這些學習經驗的累積取了一個響亮的名字：親身的成功經驗（enactive mastery experiences）。親身的成功經驗是替代性成功經驗的另一面。班杜拉認為，親身的成功經驗指的是做中學的過程。

做中學是人類心理中最強大的力量之一。倘若我們要打造自己的能力，這是第二個關鍵策略。為什麼呢？因為透過實踐，我們做得越多，掌控力就越強。我們學習，使技能提升，而我們的信心與日俱增，進而讓自己獲得更多力量。

實踐法3　抱持初學者心態

這些學習經驗最有趣的地方在於，它們可以相對輕鬆地融入你的生活。即使在你覺得自己毫無進展的領域中，你也可以利用親身的成功經驗，發揮成功的潛能。

我從菲爾・傑克森（Phil Jackson）的故事中學到了我最喜歡的方法。大多數籃球迷大概多少都知道一些菲爾・傑克森的故事，像是他在一九八〇年代改變了芝加哥公牛隊的文化；或是他身為總教練，如何帶領球隊在一九九〇年代拿下了那麼多座NBA總冠軍，甚至讓NBA變得有點尷尬——如果你好奇的話，是六度奪冠。球迷或許還知道，傑克森還是幫助喬丹成為傳奇人物的幕後推手，他在這方面的貢獻遠勝過其他教練。

然而，他們不知道的是，傑克森的帶隊哲學竟源自禪宗。禪宗是佛教的一個分支，強調將冥想作為一種精神啟迪的手段。禪宗鼓勵人們內觀，並發現自身理解現實本質的途徑。傑克森認為，他的每一次成功都與禪宗密不可分。

在傑克森帶領團隊的過程中，一個反覆出現的禪宗概念來自「初心」這個詞，意思大致是「初學者的心態」。初心指的是一種心境，在此心境中，我們帶著初學者的好奇、開放和謙遜心態，對待每一項任務及每一種情況。

採用初學者的思維方式有助於你成為某個領域的專家，這或許聽來有些難以理解。初學者，顧名思義不就是搞不清楚自己在做什麼的人嗎？然而，「初心」能夠產生重大的影響，正因為它能讓我們重新看待事物。

想想你花了多年時間學習的一項技能。如果你喜歡畫畫，你或許能夠掌握其中的訣竅，也知道自己畫肖像時喜歡從哪個部分開始著手。如果你喜歡運動，你可能早就決定了球場上哪個位置最適合你的天賦。你的經驗讓你比以前更習慣於你的做法。

然而，初學者沒有這些先入為主的觀念。初學者更願意嘗試，即使可能會失敗。初學者會任選肖像的某個部分著手去畫，初學者也樂於在球場上負責任何一個位置，即使可能會因此出洋相。他們更願意犯錯，而這些錯誤正是學習所需要的東西。

當我們嘗試以全新的視角看待世界時，我們就能維持學習的過程，使其比起過往變得更為長久。對芝加哥公牛隊來說，這意味著以開放的心態對待每一刻，不偏向任何既定的路線或策略。傑克森認為，這就是他的球隊取得成功的基石。

那麼，該如何將這種初學者的觀點融入我們的生活？答案就是從給自己一些簡單的提醒開始。

如果你任職於商界，「初心」可能意味著擁抱創新和實驗，以及提醒自己「大師」會受限於他們的信念，也就是他們曾經做到的事情和用上的方法；相對而言，初學者則會從新的角度來解決問題，並探索新的市場或機遇。如果你的工作屬於寫作或音樂創作等創造力領域，「初心」可能意味著對不同的技巧刻意保持興趣，並推動自己與不同風格的人合作。初學者不會堅信怎麼做才會成功，他們只是嘗試。

放下我們知道一切的想法，或者說知道應該怎麼做的想法，我們會感到更有力量。透過這種方式，「初心」可以幫助我們帶著強烈的好奇心、謙遜和心理韌性，幫助我們迎接挑戰。

實踐法4 發揮門徒效應

我在攻讀心理學學位時，很開心知道兄姊的平均智商往往略高於弟妹。長期以來，當我還小的時候，總是納悶弟弟為什麼那麼煩人，現在我總算知道原因了。

多年來，科學家試圖對這一現象做出各種解釋。會不會是父母在頭胎子女身上投入的時間和精力往往多於其他手足？會不會是第一個孩子更有機會與成人接觸，而這有助於發展他們的詞彙量？或者，會不會是父母對第一個孩子的期望高於其後的孩子，使得第一個孩子在學業上更加努力？

對此，答案目前尚無定論，但一個有趣的解釋源於二〇〇九年史丹佛大學教育學院的研究人員進行的一項研究。研究人員讓六十二名八年級學生上一堂生物課，再將他們隨機分成兩組。第一組學生被告知要像平時一樣學習、掌握教材內容，目標是在期末考試中取得好成績；第二組則被告知，他們將指導電腦生成的虛擬人物學習教材的內容，而他們的表現將根據虛擬

「學生」對教材的掌握程度進行評分。

課堂結束時，兩組學生參加了同樣的測驗，以評估他們對教材的掌握情況。研究人員發現，教導電腦生成學生的第二組，表現優於單純為考試而學習的第一組。在相同的情況下，教導別人學習某個科目，比起單靠自己學習的效果更好。研究人員將這種現象命名為「門徒效應」（protégé effect）。

此後數年，研究人類智商的研究人員推論，兄姊之所以平均智商更高，學業成績也比弟妹更好，門徒效應正是其原因。年長手足承擔著老師或指導者的角色：長兄姊（如我）經常得幫助弟妹（比如我弟）做功課，回答他們關於這個世界的一切問題，並分享自己的經驗和見解，無論自己是否也不太確定。

門徒效應暗示我們可以透過使自己成為指導者，來增加我們在生活中的學習經驗。正如古羅馬哲學家塞內卡（Seneca）曾說的：「教學相長。」（*Qui docet discit.*）一旦你理解了門徒效應的力量，在任何事情上你都可以輕易扮演「老師」這樣的角色。

假如你從事軟體開發的工作，你可以主動提議指導初級開發人員或實習生。透過解釋複雜的編碼概念和最佳實作方式，迫使你自己更深入地思考問題，從而加深自己的理解，提高自己的技能水準。

又或者你從事銷售工作，你可以主動培訓新的業務，或為團隊舉辦研討會。透過與他人分享你的技巧和策略，你將能完善自己的技術，並獲得對銷售流程的嶄新見解，還能幫助同事發展技能，最終使整個團隊受益。

如果你擔心自己「不夠資格」教導別人，那麼請謹記在心：值得我們仿效學習的最佳人選，往往是那些在學習的路上比我們先行一步的人。因此，任何人都可以成為老師。

你不需要成為大師，你只需要成為嚮導。

你不需要成為大師，你只需要成為嚮導。

掌握可控

一九七〇年代初開始，心理學家愛德華・德西（Edward Deci）對一個簡單的問題產生了濃厚的興趣：什麼原因促使人們去做困難的事情？

從他的職業生涯一開始，這個問題就深深吸引著他。一九七〇年，他在卡內基梅隆大學（Carnegie Mellon University）獲得博士學位後才過了一年，就發表了一篇影響深遠的論文，其內容是要求人們解開索瑪立方體（Soma Cube，有點像魔術方塊）。他發現，那些因解謎而獲得獎金做為獎勵的人，並不怎麼喜歡這項任務，而當獎勵的誘因消失，他們通常會選擇放棄解題。相比之下，那些沒有得到任何金錢獎勵的人則與此相反。

物質獎勵並不會使人更熱中於一件事情。這讓德西得出一個結論：古怪的是，提供物質獎勵會降低動機。

一九七七年，德西遇到了另一位年輕心理學家理查・里安（Richard Ryan）時，兩人做出的貢獻改變了世界對動機的看法。在接下來的二十年裡，里安和德西開發出一種全新的方法來思考人們為何願意去做困難的事。他們的貢獻在一九八一年開花結果，這個論點就是「自我決定理論」（self-determination theory）。

在此之前，大多數科學家都認為動機主要是由獎勵和懲罰等激勵因素所驅動，但德西和里安的研究表明並非如此。

他們鼓勵讀者把動機看成一道光譜，一端是「外在的」，另一端則是「內在的」。內在動機來自內心：由自我實現、好奇心和真正的求知欲所驅動；外在動機則來自外部：由加薪、物質獎勵和社會認可所驅動。不過，這兩類動機並不相同。根據自我決定理論，內在動機遠比外在動機更有力量。持久的動力發自內心。

動機光譜

外在動機

- [ ] 獎勵與懲罰
- [ ] 社會認可
- [ ] 績效目標

內在動機

- [x] 自我實現
- [x] 好奇心與學習
- [x] 個人成長

但這並不是德西和里安理論的終點，因為他們還表明，內在動機是可以累積建立的。早在一九八〇年代，他們就證明了內在動機可以透過某些力量來增強，其中最主要的就是我們的「自主性」（autonomy）。以非專業術語的話來說，就是「具備所有權」（ownership）的感覺。它是為我們和工作注入活力、帶給我們力量的重要因素。

德西和里安認為，當人們感到自己對自我的行為具備所有權時，他們就更有可能受到內在動機的驅使而投身其中。這就是為什麼索瑪立方體實驗發現金錢獎勵會降低人們的動機，因為受試者並不覺得自己完全「主導」一項任務，而是為了獲得外部獎勵。他們對自我的掌控感下降，因此動機也跟著降低。

我們的生活也是如此。我們需要擁有對事物的掌控權，這就是我們討厭被老闆和父母管教的原因。我們需要享有掌控權，所以我們小時候喜歡裝飾自己的房間，成年後則喜歡設計家居。而當我們對生活的掌控權被剝奪，像是被關進監獄或被我們不喜歡的工作所束縛，將會對我們的身心造成災難性的後果。

問題是，我們很難總是握有掌控權。當然，我們之中有些人對自己的日常工作大權在握，例如成功的企業家對自己企業的發展方向擁有自主性，而數位游牧工作者可以自由地在全球任何一家咖啡廳工作。然而，其他人沒有這樣的自主性。飯店服務生必須站在櫃檯前接待客人，他不能選擇在家工作；醫生必須待在醫院裡，為名單上的所有病人看病，他不能決定不理會那些對他無禮的病人。

不過，「具備所有權」的概念之所以威力無窮，就在於你幾乎可以把它融入任何情況。很多時候，當我們發現自己處在一個不喜歡的環境中，我們開始冒出宿命論的念頭。我不喜歡我住的地方，但我沒有能力搬走；我不喜歡這段關係的走向，但我無力改變它；我覺得這份工作很無聊，但我沒有能力改變現狀。

有時候，我們的確無能為力改變現狀。但很多時候，我們比自己意識到的更有能力，如果不是對整個局勢有所影響，至少也能改變部分局勢。即使我們並未意識到，但我們其實擁有掌控權。

實踐法5 照你的方式行事

我最喜歡的一個例子來自FiletOfFish1066，它展現出人類急欲改變現狀時顯露出的卓越能力。

二〇一六年六月，Reddit帳號使用者FiletOfFish1066因為登上頭條而遭到解雇。他在一家公司做了六年的軟體開發人員，工作主要在品保部門測試軟體。這項工作非常無聊，他所做的就是在同樣的軟體上進行同樣的測試。

於是，FiletOfFish1066想出了一個計畫。他在沒有知會老闆的情況下，在上班的前八個月裡編寫程式，讓工作可以自動化執行。從那時起，他所撰寫的程式便替他完美地執行軟體測試的工作。老闆從未過問他的工作內容，因此一切進行得很順利。正如他在Reddit一篇文章中所寫的：「六年來，我在工作中什麼也沒做。我不是在開玩笑。我每週上班四十個小時，在辦公室裡玩

《英雄聯盟》、瀏覽Reddit、做任何我想做的事。過去的六年裡，我真正投入工作的時間大約只有五十個小時。所以基本上我什麼都沒做，而且沒人真正關心我的工作內容。」

不幸的是，FiletOfFish1066的巧妙計畫終究被IT部門的人給發現了，並向他的上司報告。他因此遭到解雇，誰叫他膽敢撰寫程式替他執行工作。

我並不是說FiletOfFish1066在工作上的表現無懈可擊，也不是說他是我們應該仿效的對象，但我確實認為FiletOfFish1066的行為指向建立自主性的一種方式：即使我們無法掌控全局，我們仍然可以掌控過程。

FiletOfFish1066意識到，也許自己對於「做什麼」並未享有自主權，因為他必須按老闆說的去做，但他能選擇對於「如何做」享有自主權。雖然他對很多事情沒有影響力：他測試的軟體、事情的優先順序、工作量等，但也有很多任務全然掌握在他的手中：如何完成待辦事項清單、如何管理時間、如何運用各種資源等。就這樣，他意識到可以讓自己的工作自動化，於是他花了八個月的時間建立了系統和流程。

這給我們所有人都上了一課。我們總能找到辦法，使我們得以掌控完成一項任務的過程，即使結果不是由我們所決定。如果你從事客服工作，你可能無法控制公司的政策，但你可以掌控與客戶互動的方式。你可以努力傾聽他們，同理他們遭遇的挫折，並為他們的問題找到創意解決方案。

如果你是一名教師，你可能無法控制課程的規劃，但是你可以掌握如何指導學生學習教材。你可以找到創新的方法吸引學生，創造有趣的活動來強化概念，並給予差異化的個別指導，以幫助每個學生取得進步。

如果你在工廠或裝配線上工作，你或許無法控制生產目標，但你可以掌握自己對生產過程的貢獻。你也能找到簡化任務的方法，在潛在的問題浮現之前提出改進流程的建議。

按照自己的方式行事可以獲得非凡的力量，即使是在最無能為力改變現狀的情況下也是如此。

即使我們無法掌控全局，我們仍然可以掌控過程。

實踐法6 把必須變成選擇

建立內在動機的最後一種方法，是我在擔任新進醫生時發展出來的。我第一次想出這種方法，是在一次婦產科病房的長時間值班即將結束的時候。當時我正準備下班離開，一位護理師卻叫住了我，問我：「阿里醫生，能不能請你為四號床的女士接上靜脈注射管？」

我的心往下一沉。我知道這名病人的血管很難找，而要給她插上這根管子，至少要再花上半個小時才能離開醫院。就在我預作準備的時候，一股哀怨湧上心頭。如果我早幾分鐘離開，這件事就會由夜班醫生接手，而我可以開車回家，在路上吃個麥當勞，聽聽有聲書。而現在，我卻不得不留下來完成這項惱人的任務。

但後來我無意中聽到另一位病人和她先生的對話。她滔滔不絕說著她在醫院的美好經歷，她有多感激照顧她的醫生和護理師。這讓我停下思考。我當時正要做的事情，其實就是運用自己受過的醫學訓練，替一位懷有十二週身孕的年輕女士接上靜脈注射管，這樣我們就可以為她打點滴，緩解噁心的症狀，讓她感覺好過些，而這對她肚子裡的孩子也有正面的影響。

我對於這麼做還有什麼好抱怨的呢？這是我選擇的工作，我經歷了八年的醫學培訓，才到達這個階段，得以幫助面前的病人緩解痛苦，而現在我終於有機會真正有所作為，但我卻在抱怨工作耽誤了我幾分鐘的下班時間。

我意識到，我無法選擇是否應該替病患打點滴，但我可以改變心態。我想起了自己在與作家塞斯．高汀（Seth Godin）的某次訪談中，腦中冒出的一個想法。皺著眉頭走來走去、想著「為什麼我必須做這件事？」其實是一種抉擇，而我可以決定換個方式思考。我可以這樣告訴自己，「我選擇做這件事」；甚至我可以說，「我獲得資格做這件事」或是「我有幸這麼做」。

有了這種從「不得不做」到「選擇這樣做」的心態轉變，我邁著輕快的步伐，面帶微笑地走進了病房，準備幫病人打點滴。

我不是第一個使用這種方法的人。二〇二一年，一群學者精心設計了一套巧妙的研究，旨在測試僅僅是擁有掌控自我行為的想法，是否會影響人們的感知和行為。其中一半的受試者隨機分成一組，他們被要求寫下自己前一天做出的三個選擇，例如「我昨天選擇了早起」、「我選擇中午吃泡麵」，或是「我選擇在第二次鬧鐘響起時起床，開始我的一天」；另一半受試者則只被要求寫出自己前一天做的三件事，像是「我吃了早餐」、「我去購物」、「我去了趟健身房」。

一旦兩組受試者完成了書寫任務，隨即被要求對自己的生活進行更廣泛的反思。研究的其中一個部分要求受試者評鑑自己的體能，在五分量表上回答諸如「你的肌肉有多發達」、「你的體格有多強健」、「你的身材鍛鍊得如何」等問題。

相較於對照組，寫下自己前一天做出什麼選擇的人，在肌肉發達、體格強健、身材健美等面向都對自己有更高的評價。正如實驗者所說：「凸顯選擇的關聯性會引發自我膨脹之感……這是一種比他人更特別、更重要、更強壯的感覺。」因此，只是單純把心態從「必須這麼做」轉變為「選擇這麼做」，就能增強控制和擁有權力之感，進而提升對自己有多少能耐的感受。

你也可以比照辦理。「必須」是一種帶有強迫性的語言，會讓你感到無能為力；「選擇」則是一種帶有肯定的語言，能讓你感覺自己充滿力量。每當你覺得自己必須做某件事時，請再想一想，你的選擇是如何把你引領至這一刻的？有沒有辦法把「必須」變成「選擇」？如果你正在做的事情不是你自己真正的選擇，你可以如何選擇看待這件事情的角度？

從第二次世界大戰奧斯威辛集中營倖存下來的奧地利精神分析師維克多・弗蘭克（Viktor Frankl）說得好：「你可以從一個人身上奪走一切，除了一樣東西。那是人類最後的自由，也就是在任何情境下，選擇自己的心態，選擇自己個人的方式。」

重點回顧

- 「權力」這個詞看似可怕，其實不然。當我們說第二個能量源是權力時，並不是指對他人施加控制，而是指我們有權把工作、生活和未來掌握在自己手中。
- 有三種方法可以增強你擁有權力的感覺，首先，從自信開始。我們以為我們的自信是固定不變的，但實際上它的可塑性極強。那麼，為什麼不嘗試「打開自信開關」，扮演一個充滿自信的人？
- 接下來，提升你的技能水準。問問自己，如果我對這項任務完全陌生，會是什麼模樣？即使我還不是專家，我又能如何著手教導他人？
- 最後，即使在你無法如願控制一切的時候，也要去看看你能做些什麼來獲得自主權。記住，即使不能選擇**做什麼**，仍然可以選擇**如何做**。儘管你並不總是能掌握結果，但你通常可以掌握過程和心態。

3 掌控關係能量

你有沒有注意到，與某些人來往或共事，會讓你有種準備好迎接任何挑戰的感覺？這些人能夠振奮你的精神，讓你充滿能量。你想和他們在一起。

另一方面，你也可能遇過一些人，每次和他們互動之後都讓你疲憊不堪，就好像他們給你的心情和動力蒙上了一層陰影。大家很快就學會要像面對瘟疫一樣，對他們避之唯恐不及。

我的一位朋友把後一類人稱為「能量吸血鬼」，他們吸乾社交場合中的生命力，讓周圍的每個人都筋疲力盡。當我第一次聽朋友說出「能量吸血鬼」這個詞的時候，覺得這個詞有點太殘酷、太富有想像力，但她的說法不無道理。科學家早就意識到有所謂的「關係能量」（relational energy）：事實上，與他人的互動會對我們的情緒產生深遠的影響。二〇〇三年的一項研究中，心理學教授羅布．克羅斯（Rob Cross）、韋恩．貝克（Wayne Baker）和安德魯．派克（Andrew Parker）提出了「能量地圖」的概念。

他們與幾家大公司的顧問和主管合作，以搞清楚誰與誰共事，以及每一個人對其他人能量水準的影響。他們有何發現呢？對於誰是能量激發者、誰是能量消耗者，人們有志一同的程度頗讓人吃驚，甚至在大型組織中也是如此。待在某些人身邊，簡直就是一場噩夢。

自那以後的幾年裡，關係能量已成為組織行為學中最熱門的概念之一。它被定義為「經由與他人互動，所體驗到的正向感受和想法滿滿的感覺，是一種與他人互動的直接結果」。二〇一〇年，相關的研究只有八項，到了二〇一八年，數字已接近八十項。

因此，關係能量就是我們最後一種能量源，那就是：人。正如二〇〇三年的研究表明，人們可以提振我們的情緒、提高我們的工作效率。但這並非理所當然，而是需要我們深入思考自己與他人之間如何相互連結。在本章中，我們將探討各種方法，使我們在與別人的相處中獲得更多活力，並能做更多有意義的事情。

布置場景

關於人們帶來的愉悅效應，我們要談的第一個見解來自一九七〇年代的華麗搖滾樂。那是一個新時代的開端，布萊恩・埃諾（Brian Eno）原本應該過著平庸的生活。他從英國溫徹斯特藝術學院畢業不久後，曾參與一些前衛音樂的演出，在幾個古怪的搖滾樂團中負責打鼓，並用他那臺破舊的錄音機錄製古怪的歌曲，但他的事業並沒有什麼起色，似乎註定要在倫敦的搖滾樂壇當個受人喜愛卻無足輕重的小樂手。

一九七一年的某天，他與一位當地音樂家巧遇之後，改變了一切。埃諾在等火車時，遇到了他熟識的薩克斯風手安迪・麥凱（Andy Mackay），麥凱邀請埃諾前往他表演的俱樂部演奏。當他們到達演出現場時，氣氛非常熱烈：觀眾興奮不已，房間裡的能量緊緊抓住了埃諾。後來，他談到與麥凱的偶然相遇時說道：「如果我在月臺上多走了十碼，或錯過了那班車，或是搭了下一班火車，我現在或許會是一名藝術老師。」

與此相反，埃諾發現自己置身於一個充滿活力、令人興奮的音樂情境之中。往後的幾週裡，他和遇到的人談論音樂，並發現自己創作出了一生中最好的藝術作品。他與麥凱一起創立了極具影響力的華麗搖滾樂團「羅西音樂」（Roxy Music），最終成為上個世紀最重要的音樂家和製作人。

多年後，埃諾回想起這個獨特的音樂演出經驗對他事業發展的重要性。他注意到，所有最創新、最突破的音樂家都不是獨自工作的，他們都是一個由藝術家、製作人和樂迷組成的大圈子，推動彼此探索新的聲音和想法。埃諾發現了匯聚眾人之場景所蘊含的強大天賦，因此創造出場景天才（*scenius*）這個詞。

我親身經歷過「場景天才」所帶來的影響。我不喜歡醫學院的一點就是競爭感。每個人都在努力爭取最高成績、學術獎項、住院醫師培訓計畫的最佳名額，有些人甚至把這種競爭心態發揮到有些太超過。我認識的一個傢伙會從圖書館裡把同一本教科書都借出來，好讓別人都讀不到。這種環境會鼓勵人們把自己的人生看成是一場零和遊戲：他們要贏，別人就得輸。

但是，我最終了解到，還可以從另一種角度來思考你與同儕之間的關係。醫學院並不是一場競賽，我們都只是一個大場景其中的一部分。透過了解這個事實，我們能夠獲得大量支持，而這些支持是我們獨自一人所不可能擁有的。

實踐法1 從競爭轉為同袍心態

如何在日常生活中融入這種場景天才的色彩？答案始於一個微妙的轉變：重新認識團隊合作的含義。

當有人說到「團隊合作」這個詞時，我們往往會聯想到一連串的行為，像是公平地分配工作，或是在別人遇到困難時伸出援手。這些當然都是其中的一部分，但還有另一種理解團隊合作的方式：與其說它是關於做些什麼，不如說它是一種思維方式。

不論如何，這種方式正是史丹佛大學教授葛列格里・沃爾頓（Gregory Walton）和普里揚卡・卡爾（Priyanka Carr）所提出的建議。他們認為團隊合作既是一種分工方式，也是一種心理狀態。在二〇一四年發表的一項研究中，他們將三十五名受試者分成三到五人一組。參與實驗者見過面並自我介紹後，就被帶入單獨的房間。科學家們接著給每位受試者一個謎題，並告訴他們可以根據自己的需要，使用盡可能多的時間或盡可能少的時間來解開謎題。

所有受試者在花了幾分鐘解謎之後，都會收到一份手寫的解題提示。所有提示全都一樣，也確實有助於解題，但關鍵區別在於，其中一些受試者收到提示時，被告知提示是由負責這項研究的科學家為他們而寫；另一些受試者則被告知，提示是由他們剛才認識的其中一名受試者同伴為他們寫的。

這一微小的差異對實驗受試者的感受產生了重大影響。那些被告知提示是由科學家所寫的人，覺得自己完全是獨立作業，與其他受試者有所區隔。當他們被要求描述在研究中做了什麼的時候，有些人回答：「我單獨解了一道謎題，而其他人做了這道相同的謎題。」他們覺得大家是各做各的，而不是一起做事情。

相比之下，被告知提示來自其他受試者的人，則覺得自己與其他受試者是一個團隊；他們覺得自己是在「與一個看不見的夥伴互相傳遞提示，試著合作解決問題」。當這些受試者被問及感受時，有些受試者寫道：「我會覺得自己有責任要更努力解題，以免讓其他人失望。」此時，他們不再是各做各的，而是一起努力。

這種心態的微妙變化產生了顯著的效果。「合作」解謎的組別，受試者最終解題的時間多出了百分之四十八。他們形成了我所說的同袍心態（comrade mindset），並因此做得更好。

這種在「平行工作」和「一同工作」之間的微妙差別看似很小，卻指出了我們第一種工具，可藉此從人們的激勵效果中獲取能量。即使我們是獨自處理一項任務，還是可以讓自己相信我們是團隊的一員，而想要做到這一點，其實輕而易舉。

箇中訣竅在於，要有意識地把你身邊同樣在努力的人想成是你團隊中的一員。請看看下方的表格，並想想：怎麼樣才能把你的注意力從左邊那欄轉移到右邊那欄去？如果身邊的這些人不是競爭對手，而是同袍，會是什麼樣子？如果你是一名員工，你能不能招募別人來與你共事，並在精神上相互支持？如果你是一名學生，你能否分享筆記或找到一起複習的方法？

正如沃爾頓做出的總結，「只要感覺自己是團隊中的一員，就能讓人們在接受挑戰時更有動力」。當遇到困難時，有可以依靠的朋友，總勝過有必須壓制的敵手。

競爭者心態	同袍心態
你贏，我輸	你贏，我贏
成功是我的	成功是我們的
我透過超越他人來往上爬	我們透過拉抬他人而往上爬

團隊合作既是一種分工方式，也是一種心理狀態。

實踐法2 用同步性帶來團隊感

當然，我們有些時候很難找到合作的對象。我們很難強迫自己把在校園另一端的人視為是同一個團隊的成員，更不用說世界另一端的人了。有時，就連我們的同儕也可能只是讓我們覺得有些煩躁罷了。

在這種時候，我們可以動用第二種工具，這是我從加拿大瑞爾森大學（Ryerson University）的三位學者所做的一項巧妙研究中所發現的。在二〇一七年的一篇論文中，這些學者召集了一百名學生，以調查團隊合作背後的科學。這些學生被分成六人一組，接著都戴上耳機，並被要求隨著音樂節拍用手敲擊桌面。有些六人小組被短暫分到相同的音樂節拍，讓他們可以跟著音樂同步敲擊；另有一些六人小組會再細分為兩個三人小組，各有同樣的音樂可跟著敲擊；最後，還有一些小組的人被分派六首完全不同的配樂，因此完全沒有同步性可言。

之後，耳機會被拿走，取而代之的是一些新道具。現在，每位受試者都獲得十枚可以分送出去的代幣，同時他們也被告知，這些代幣稍後可兌換成真錢。他們會想把代幣送給誰？

科學家想測試的是受試者之間的同袍情誼，是否足以讓他們站在「同一陣線」。他們發現，音樂的同步性改變了一切。三人小組的受試者經歷過同步敲擊，他們會想把錢分給三人小組的成員；不過，如果兩個三人小組曾同步敲擊過音樂，儘管只有短短幾分鐘組成六人小組，他們也更有可能把錢分給全體六個人。

這件事與別人帶來的愉悅效應有什麼關係呢？這個嘛，它告訴我們某種強而有力的東西，攸關如何創造團隊合作的感覺。當我們與他人同步做事情時，我們往往會更有生產力。同步合作讓我們更願意幫助他人，也讓我們更願意幫助自己。

箇中含義簡單易懂：如果我們想要運用他人帶來的愉悅效應，那麼就設法找到可以與我們同步做事的人——即使你們並沒有在同一項任務上積極協作。在本書的寫作過程中，我經常參加倫敦作家沙龍（London Writers' Salon），它會免費舉辦名為「作家時間」的活動，讓一群人一起遠端共同工作。平日時，數百名作家和一些業餘作家透過Zoom視訊會議，每天聚會四次。主持人先用五分鐘時間分享一些鼓勵的話，並要求與會者在線上聊天室貼出自己參加寫作聚會的意圖。然後，接下來的五十分鐘，每個人都將自己的Zoom視窗縮到最小，各自在電腦前埋首工作。

我覺得這些同步合作的聚會對保持動力非常有幫助。儘管我們都在做不同的事情，但與其他人一起工作，對於我的專注力產生了巨大的影響，同時也讓我感覺更為快樂。

同步合作讓我們更願意幫助他人，也讓我們更願意幫助自己。

助人為樂

在寫作沙龍聚會中，我還注意到一件事。隨著時間過去，我認識了小組裡的其他人。很快地，我們就開始在Zoom上互相發訊息尋求支持。最終將我帶往關係能量的另一個面向：給予／接受幫助的效應。

艾倫·盧克斯（Allan Luks）比任何人都更了解這種效應。身為紐約市「美國大哥大姐會」（Big Brothers Big Sisters of New York City）組織的負責人，盧克斯負責管理一個由數千名志願者和工作人員組成的網絡，致力於改善紐約市青少年的生活。這項工作的難度極高，而且經常令人感到沮喪。該組織分派成人導師指導處於巨大家庭危機之中的兒童和青少年，包括入獄、吸毒到自殺的個案。盧克斯對於導師制的重要性及其對年輕人的影響充滿熱情，儘管這並不容易。

然而，當他在「美國大哥大姐會」組織工作幾個月乃至幾年之後，盧克斯注意到一些奇怪的現象。的確，志工們有時會因為經歷的事情而疲憊不堪或心煩意亂，但更多時候，即使遭遇最棘手的督導課程，他們離開時卻是精力充沛的。盧克斯意識到，奉獻行為不僅能改變受助者的生活，也能改變志工自己的生活。

他被這一現象深深吸引，在接下來的幾年裡，他訪談了數千名有過幫助他人經歷的志願工作者。他們都說，選擇做這份工作，部分原因是這份工作讓他們感覺很棒。他發現，百分之九十五的志工表示這份工作令他們感到更快樂、更充實、更有活力。

為什麼會如此？盧克斯的研究表明，當我們幫助他人時，大腦會釋放大量的化學物質，產生一種天然的興奮感。催產素之類的快樂荷爾蒙在我們體內激增，創造一波波正能量，在我們提供他人幫助之後，仍可持續數小時甚至幾天之久。

盧克斯意識到,「助人為快樂之本」不只是一種感覺,也是促進成長和社會變革的強大工具——而我要補充一點,這也能帶來愉悅生產力。而這正是第二種方法,讓我們可以運用他人帶來的愉悅效應,來做更多對我們有意義的事情。

實踐法3 隨機的小小善舉

當我還是醫生時,每當我在給病人看病的空檔,我都會起身替自己泡一杯茶。

從某種程度上說,這是一種只顧自己的行為,我認為自己可稱得上是英國首屈一指的茶葉鑑賞家;但實際上,我也不忘關注整個團隊。在前往茶水間的路上,我會探進護理師休息室,詢問要不要替他們也泡一杯茶。這個小小舉動似乎對團隊士氣產生了奇特的重大影響。我清楚記得,在新冠肺炎肆虐期間，我替資深護理師茱莉泡了一杯茶，當時她的表情就像是我給了她一張中獎樂透一樣，但這不過就是一個茶包、一些熱水和一勺牛奶罷了。（這裡的重點是，請務必按照這個順序泡茶。）

這些隨意的善舉將助人為樂融入日常生活。透過停下手頭的工作，隨機向他人展現你的善意，將可以提高腦內啡的水平，幫助自己更投入工作。

當然，泡茶並不是唯一的善舉。無論你身處何種境況，都可以將善舉融入每一天的生活中。比方說，你在辦公室工作，是否注意到身邊的某個人看起來過得很無趣，或有點疲憊不堪？何不帶他們出去吃個午飯，而不是在辦公桌前吃三明治？

或者，你在超市裡準備排隊結帳，身後的人也許有年幼的孩子。何不試試看讓他們先結帳呢？

或者，假設有人對你做了善意之舉，哪怕只是一件小事——例如只是在你忙碌時，替你接下待辦清單上的一項任務。何不給對方寫一張小紙條，表達你的感謝？

這類隨意善舉不勝枚舉。不論是為同事準備一杯飲料、給朋友寫封感謝信，還是讓座給陌生人，儘管都是不起眼的舉動，卻全都能夠一點一滴為你帶來蛻變。

實踐法4 尋求他人的幫助

「助人為樂」的道理同時也在告訴我們，向他人求助，實際上是送給他人的一種禮物，而不是我們通常認為的負擔。

年輕的班傑明．富蘭克林（Benjamin Franklin）就經歷了這樣的頓悟。富蘭克林是美國開國元勛，多才多藝，在八十四年的人生中，發揮了治理國家的才能，不僅創立了費城第一支消防隊，還簽署了《美國獨立宣言》。但在一七三七年，這一切都還是很久之後的事情。當時富蘭克林參加了賓州議會的競選。一位競爭對手說了一些對富蘭克林不利的話，他與富蘭克林的觀點截然不同，因此兩人之間關係緊張，甚至可說是冷若冰霜。

富蘭克林急需阻止這個人針對他的競選活動發動攻勢，否則這很可能阻礙他連任。但要如何讓一個意見相左的人認同他？他在自傳中解釋道，答案是借書。「我聽說他的圖書室裡有一冊珍本書，就給他寫了一張字條，表示我想讀一讀那本書，請他幫我這個忙。」令富蘭克林出乎意料的是，他的死對頭立即把書寄了過來。當富蘭克林歸還這本書時，他附上了一張紙條，表示自己讀了非常喜歡。

令人驚訝的是，這對他們的關係產生了深遠的影響。「等到我們下一次在眾議院見面時，他跟我說話（他之前從未這樣做過），而且非常有禮貌。」富蘭克林寫道。「此後，他展現出隨時願意為我效勞的態度，我們因此成為好友，友誼一直延續到他去世。」

借書這個舉動看似微小，卻大大影響了富蘭克林和他的對手。這名對手深感驚訝，以至於開始從新的角度看待富蘭克林。他無法接受自己幫助了一個意見相左的人，因此，他對富蘭克林的態度開始好轉。

這一概念如今被稱為「富蘭克林效應」（Benjamin Franklin Effect）。它表明當我們向他人求助時，會讓對方對我們產生好感。這是將助人的愉悅效應反轉運用的結果：我們可以請求他人協助，而這也會讓他們感覺良好。

遺憾的是，我們大多數人都不善於尋求幫助。我們可能需要從同事那裡取得重要資訊，卻不願意「麻煩」他們，而是試圖自己解決，浪費了時間；或者，我們可能在課堂上為了某個問題苦惱，卻不想求教於身邊的人，甚至不想找老師幫忙，因為我們害怕自己看起來很愚蠢。

那麼，我們如何才能學會用溫暖而非疏遠的方式，來向他人尋求幫助？這有幾種方法。首先，我們需要克服不願開口這件事。最簡單的做法就是接受這句格言：人們比你想的更渴望幫助他人。現在為止，我們已經一再看到讓他人微笑、教學和指導他人有多麼令人振奮，即便如此，我們之中很多人還是低估了別人願意幫助我們的程度。學者法蘭西斯．弗林（Francis Flynn）和凡妮莎．博恩斯（Vanessa Bohns）指出，人們對於別人同意提供幫助的可能性，往往會低估至少百分之五十。

第二，以正確的方式提出請求，並盡量當面求助，因為間接的方式無形中會增加難度。在二〇一七年的一項研究中，博恩斯發現「求助者認為透過電子郵件提出請求與當面提出同樣有效，但實際上，當面求助比起用電子郵件，成功率高出三十四倍。」

最後，確保運用正確的語言，避免使用消極的措辭，例如「我很難向你啟齒幫我這件事……」，同時也避免把請求他人的幫助變成一種交易，說出「如果你幫我，我就為你做這件事」之類的話。請強調你為什麼要向這個特定的人求助的正面理由，例如：「我看到了你在X、Y、Z方面的工作，它真的對我產生了影響。我很想聽聽你是如何做到A、B、C這三件事的。」強調你景仰對象的正面之處，他們才會認為你真心看重他們的意見，進而更願意幫助你。

最後這一點至關重要。如果方法得當，會讓被求助者對於幫助你這件事，跟你獲得對方幫助的感覺一樣良好。如果你想利用富蘭克林效應的力量，你就應該盡你所能，在沒有任何對價交換的情況下提出請求。

多說為妙

剛開始創業時，最讓我頭疼的就是溝通的必要性。更準確來說，我們究竟需要做到多少溝通才算足夠？

我知道資訊分享很重要，這點再明顯不過了；但我納悶的是，究竟得和他人做多少溝通才夠。最後我意識到，原因在於我老是擔心自己過於盛氣凌人，導致溝通不足——這要感謝向我提出忠告又長期忍受我的團隊成員——我並沒有給予大多數團隊成員真正想要的正面或負面回饋。這種現象相當常見，我們很容易低估我們需要做多少溝通，而不是高估。

多數關於凝聚人心的書籍都側重於溝通的重要，但在這裡，我想把重點放在過度溝通（over-communication）的力量。當你認為自己已經做足了溝通，肯定還差得遠。不同的團隊成員可能會以不同方式解讀共享的資訊，或是處於不同的脈絡，或有著不一樣的理解程度。而過度溝通意味著刻意超出你認為溝通必須達到的最低限度，從而使最終的資訊交流恰到好處。但該怎麼做呢？

當你認為自己已經做足了溝通，肯定還差得遠。

實踐法5 好消息要過度溝通

瑞典有句諺語：「與人分享的快樂是雙倍的快樂；共同承擔的悲傷是一半的悲傷。」當與他人分享好消息時，兩個人都會感到開心；而當與他人分享悲傷的事情時，則可以帶走一些悲傷。

過度溝通好消息的第一招是分享正面的消息，並以激發能量的方式對正面消息做出回應。這對分享者和回應者來說都很有幫助。對於分享者來說，只要簡單分享正面消息，就能增強正向情緒和心理健康；對於回應者來說，表達為對方的成就感到驕傲和高興會促進正向互動，增進彼此的關係。

在心理學中，這種自我強化的正向互動被稱為「資本化」（capitalization）。某一篇關於這主題的論文將「資本化」分為兩個部分。第一部分涉及某人（分享者）試圖藉由一個正面事件和相關的正向情緒來與他人建立連結。例如，你可能會對朋友說：「嘿，我終於如願獲得了加薪！」在第二部分，回應者在聽到好消息之後，表達熱烈、興奮之情，做出正面反應。因此，他們可能會說：「哇，太棒了。我知道你一直在為加

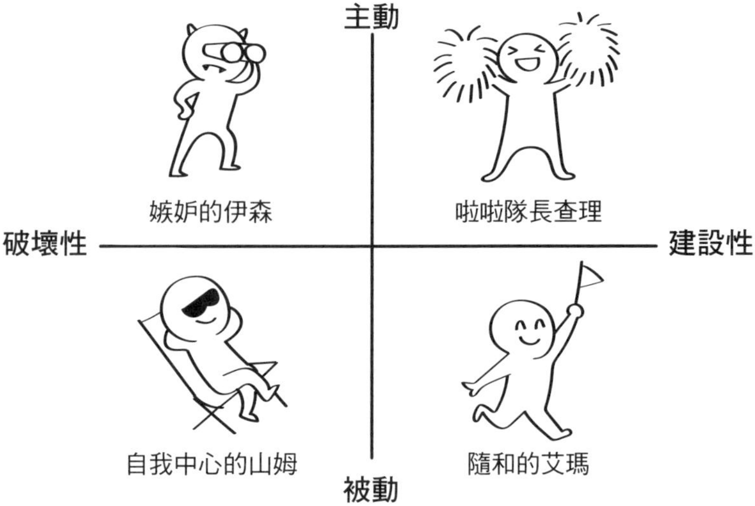

薪而努力工作！」

這聽起來簡單，卻不見得符合我們的直接反應。加州大學心理學教授雪麗．蓋博（Shelly Gable）認為，我們對好消息的反應有無數種方式，但並非全都是正向的。我們可以把這些方式劃分為兩個交錯的軸線：第一，回應是主動還是被動的；第二，回應是建設性的還是破壞性的。

假設有一天，室友一進門就告訴你，他一直努力爭取的工作錄取他了。以下是四種不同的回答：

- 啦啦隊長查理：主動建設性的回應是「哇，太棒了！你為此付出了很多努力。我就知道你會成功！」
- 隨和的艾瑪：被動建設性的回應，比如輕輕點頭微笑，然後說：「這真是個好消息。」
- 嫉妒的伊森：主動破壞性的回應則會掃了他人興致：「哦，這麼說來，你晚上和週末會忙得不可開交是吧？」

• 自我中心的山姆：他的被動破壞性回應，基本上會無視室友的好消息，然後對他說，「你絕不會相信我今天發生了什麼事。」

蓋博和她的同事們發現，主動的建設性回應會讓好消息的分享者更開心，也讓雙方的關係更牢固。事實上，在二〇〇六年的一項研究中，研究人員錄下七十九對正在約會的情侶影片，瞧他們彼此如何分享好消息和壞消息。結果發現，如何回應伴侶的好消息，最能用來預測他們在一起的時間長短，以及他們在這段關係中的幸福程度。

因此，能夠為他人的勝利感到高興非常重要，最好的方法就是採取主動的建設性回應。

幸運的是，我們可以藉由學習而學會這一點。第一步是收到對方的好消息時，感受並表現出你的喜悅之情。不妨試著用「這真是個好消息」和「我真為你感到高興！」這樣的話語做為回應。

接下來，就你記憶所及，告訴分享好消息的人，你如何主動見證了他開花結果的過程。也許你看到了他為了面試而付出的努力，或是他為資格考試準備了幾週，以及他們多麼希望有這樣的結果。最重要的是，對於這一好消息將如何改變他的未來，展現出你的樂觀之情，但不要讓他們背負過高的期望。如果有人剛剛找到了理想的工作，請分享你對他未來的機會有多麼興奮。如果有人剛剛辭去一份平凡的工作，開創了自己的事業，那麼請分享你對他的未來冒險感到雀躍。

不論如何，盡量讓你的過度溝通保持正向、振奮人心。過度溝通不僅會激勵他人，也同樣會激勵你自己。

過度溝通不僅會激勵他人，也同樣會激勵你自己。

實踐法6 壞消息也要過度溝通

為了真正發揮他人帶來的愉悅效應，我們不僅需要傳達好消息，也必須學會傳達壞消息。不幸的是，我們總是不擅長這一點。

問題在於，人類太擅長撒謊。我們不只是每天撒謊，而是每個小時都在撒謊。根據麻州大學心理學家羅伯特．費爾德曼（Robert Feldman）在二〇〇二年進行的一項研究，百分之六十的人在平均每十分鐘的交談中至少會說一次謊。

當然，並不是所有的謊言出發點都是一樣的。大多數謊言都微不足道，而且都是出於善意，比如告訴朋友你喜歡他的新運動鞋，儘管那其實不合乎你的風格；或是向母親保證她烤的火雞絕對不乾柴。

但撒謊也有壞處，即使是善意的謊言也會對生理產生影響。說謊與大腦邊緣系統的活化有關，而邊緣系統正是大腦中啟動戰逃（fight or flight）反應的區域。當我們說實話時，大腦的這一區域顯示出極小的活動，但當我們說謊話時，它就會像煙火表演一樣亮起來。

之所以要撒謊，是因為誠實常常讓人覺得像是雙輸的局面。如果太過誠實，就像是舉雙手投降，我們會覺得自己看起來像個笨蛋；但如果不誠實，我們還是居於下風，因為我們對於困在自己不喜歡的情境中感到不滿。這一點很棘手，對於那些奉行「過度溝通」格言的人來說：我們需要傳達壞消息，但又不能無謂地撒謊。有什麼折衷辦法嗎？

作家兼執行長教練金．史考特（Kim Scott）認為解決辦法不是誠實（honest），而是坦誠（candid）。史考特在她的書《坦誠相對》（*Radical Candor*）中寫道，坦誠相對是指要親自關心手頭的問題，並直接提出質疑，而不是粗暴地誠實以對。坦誠相對並不意味著把問題個人化，也不意味著自以為是；它意味著直接分享你的觀點。不是在背後說人壞話，而是讓同事了解你的想法。

選擇「坦誠」一詞而不是「誠實」，有以下好處。儘管誠實意味著你知道真相，但誠實往往帶有道德含義，容易讓人反感。我還記得，我的同學詹姆斯曾輕率地用「兄弟，我只是實話實說」來侮辱我的紙牌技巧，使我至今仍難以釋懷。當我們說「老實告訴你」，就像是在說「這就是真相，我要告訴你這件事的真相」。但在人際關係中，真相往往難以釐清。你的直屬上司可能令你覺得自己像是要被榨乾，但這個人客觀上可能並非糟糕的主管；說不定他對其他人來說還是個好主管，又或者他可能生活上正遇到一些事情，影響了工作時的他。

與此相反，坦誠並不假定我們知道真相。坦誠的精神更像是「我是這麼想的。你能聽我說完或幫幫我嗎？我們可以一起面對。」

那麼，如何才能打造出讓彼此坦誠溝通的文化，既能提供負面的回饋，又不會破壞他人的心情？這有幾個步驟。首先，將你的分析根植於客觀、而非評斷的措辭。「我注意到你在那次會議中，打斷了妙麗幾次」要比「你這麼做簡直粗魯無禮」有效得多。同樣地，直接告訴別人「你做錯了」或「你很無能」會讓對方感覺受到攻擊，引發自我防衛，因為這種說法太過主觀，更何況還有點粗魯。我們只需要根據客觀的事實即可。

其次，關注問題的實際結果。同樣地，主觀是你的敵人。因此，只需要實事求是地強調你所觀察到的結果。例如，「我注意到，你在會議的討論中打斷了羅恩後，會議氣氛有點僵。這有點可惜，因為我很想聽聽其他人的意見。」

最後，把你的注意力從問題上面，轉往解決的方案。說出你希望看到的結果，例如，「下次，請等其他人發言完畢後再分享你的看法」，或「下次，也許你可以向別人提問，讓他們知道，儘管你們不一定想法相同，但你還是想了解他們的觀點。我覺得提問可能會讓他們有正面的反應，也許還能促成合作」。提供替代方案，使討論集中在問題的可能解方，並避免對方感受到人身攻擊。

這三個步驟相對容易，可以在過度溝通不愉快的消息時，讓事情變得簡單一些。它們都暗暗指向這個概念：即使是在傳遞負面訊息，仍然能夠凝聚人心，讓對方感覺良好，而且不需要撒謊。

重點回顧

- 有朋友在身邊，生活更有樂趣，這就是為什麼我們的第三個能量源是人。有些人自然可以提升我們的能量，訣竅在於如何找到他們。
- 首先，成為一個團隊合作者。試著把與你共事的人當作同袍而不是競爭對手。
- 與人建立連結，也代表了向他們伸出援手。這一點是雙向的。我們不僅很少幫助他人，也很少向他人求助。所以，試著問一問：我可以做些什麼來照亮別人的一天？
- 最後，請記住人際互動中最常被遺忘的真理：當你認為自己已經做足了溝通，很可能溝通得還不夠。所以想一下，你是否也能夠分享自己的所見所聞，讓別人度過愉快的一週？

第2部

解鎖

Unblock

再也不拖延

4 建立確定事項

我見過最奇怪的影片叫做「你有多渴望？」（How bad do you want it?），該影片獲得近五千萬次觀看，講述一個年輕人向一位不知名的「大師」請教如何致富的故事。第二天，他們約定在海邊見面，大師將為他說明答案。

隔天凌晨四點，男子來到海邊。大師告訴他：「往海裡走去吧。」年輕人照做了。「再往前走一點，」大師說。年輕人照做了。「繼續走，」大師說。於是他繼續走，直到頭完全浸入水中。突然，大師出現在年輕人身邊，把他的頭按在水面下。年輕人劇烈掙扎，但老人按住了他的頭，直到他瀕臨溺水時才鬆開他。年輕人大口喘著氣時，老人說：「當你像急須呼吸一樣渴望成功時，你就會成功。」

這段影片有很多疑點。這位大師是何方神聖，又如何獲得這個頭銜？這個年輕人為什麼會在大師的要求下，願意朝大海中走去，他們不是剛認識嗎？最令人費解的是，為什麼這段影片下方竟有兩萬條評論？許多人甚至還說這段影片徹底改變了他們的生活？

現在看來，我覺得這段影片既超現實又有些令人沮喪。但第一次觀看時，我正處於拖延症的陣痛中，我以為這部影片可能會有幫助。當我第一次創業時，我還是一名新手醫生，似乎無論如何努力，都無法擺脫讓事情一拖再拖的迴圈之中。我並不孤單，畢竟拖延症總是困擾著比我更偉大的思想家。就拿達文西來說，與他當代的一位人士看到他畫《最後的晚餐》時寫道：「他每天花上幾個小時在作品前面，雙臂在胸前交叉，自言自語地檢查和批評畫中的人物」。

在這些時刻，三個能量源：遊戲、自我賦權和人都不足以應付當前的窘境。在第一部中，我們探討了這三種力量如何幫助我們在工作和生活中感覺愉悅，增強我們的能量，幫助我們做更多有意義的事情。但是，光憑這三點仍不足以解決我面臨的困難。隨著業務增長，我意識到，無論我如何將這三種能量源融入生活，還是會因為另一個問題而陷入困境，那就是拖延症。

當拖延症變成問題時，我常常想訴諸簡單、明顯的「解法」，就像那段奇怪影片裡的一樣。影片說，如果你有拖延症，那是因為動力不足。如果你有足夠的動力，只要你像想要呼吸一樣渴望成功，它就會發生。

我把這種解決拖延症的方法稱為「激勵法」。這個方法很常見，卻只是無稽之談。激勵法的問題很簡單。我們當中有很多人真的很想完成自己正在掙扎推進的事情。我們自認有足夠的動機，但有一些阻礙阻擋在前，如時間、經濟限制、家庭責任、身體和心理健康問題等，多不勝數。然而，光有動機顯然不夠；只是讓人們「感覺更有動力」，不僅沒有幫助，還有潛在危害，會助長舉步維艱的感覺，而這種感覺正是拖延症的根源。

那麼，當激勵法失效時，該怎麼辦？一旦我們不再糾結於自己是否真的有動力，很多建議都會轉向另一個原則：紀律。簡單地說，紀律就是我們願意去做自己不喜歡做的事情。它是動力的反面，代表著你再怎麼沒有動力，仍願意採取行動。如果你想去慢跑，動力十足的反應應該是：「我想去跑步，因為我想贏得馬拉松比賽」，但有紀律的回答則是：「不管我感覺如何，我都要去跑步。」就像運動大廠耐吉的廣告文宣：「做就對了。」

比起激勵法，我更贊同紀律法，因為紀律有時的確有用。有時我早上不想上班，但我還是去了，也許這就稱得上是紀律。

但這種說法並不完整。如果你一再拖延不去寫演講稿，這不一定是你的紀律不夠，所以寫不出來；而是可能還有其他原因暗藏在表象之下，阻礙著你。然而，紀律並不關心阻礙你的原因究竟是什麼，它只是令你感覺很糟。以心理學教授約瑟夫・法拉利（Joseph Ferrari）的話來說：「對長期拖延者說『做就對了』，好比告訴一個臨床診斷為憂鬱症的患者，要他振作起來一樣。」

激勵法和紀律法有時也許是有用的策略，但它們也可能是掩蓋深層傷口的OK繃。它們有時可能會起到治標的作用，但改變不了根本的問題。

那麼，在這場與拖延症的古老鬥爭中，什麼才是更有效的呢？這時就適用第三種我所謂的「疏通法」。

動機法的建議是讓我們想要去做一件事，而紀律法則建議我們忽略感受，無論如何都要去做。另一方面，疏通法鼓勵我們理解為什麼自己一開始就對做某件事感覺很糟，並找到迎刃而解的方法。

試想，你的鞋子裡有一顆小石子，跑起來特別不舒服，但你又必須趕去朋友家吃晚飯。你很糾結；你想準時到達，但你知道一路上會很痛苦。這時你該怎麼辦？

第一個解決方案最簡單：什麼都不做。不斷拖延直到浪費了整個晚上，錯過晚餐，讓自己下次不再受到邀請。

下一個辦法是利用激勵法。這時你需要說服自己，晚餐會很有趣，「值得」忍受跑步的痛苦。於是你無視疼痛，向目的地狂奔，卻在半路上暈倒在路邊。但你並不擔心，因為你低頭看著迅速腫脹的腳，相信只要有足夠的動力，就能克服任何困難。

第三種解決方案是紀律法。你已經承諾參加晚宴，而且你是守信用的

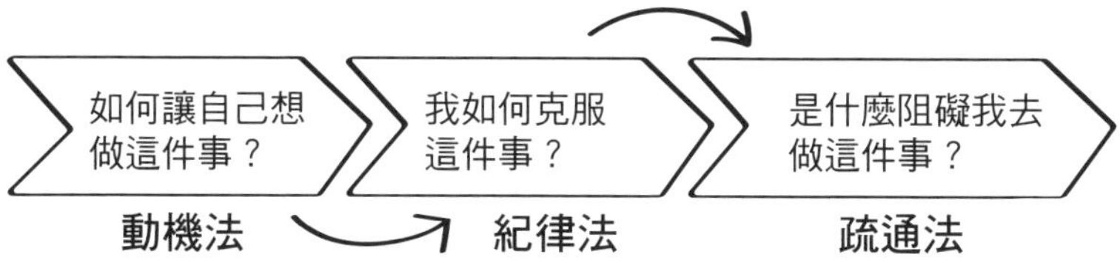

人。於是，你朝朋友家狂奔，任由鵝卵石劃破腳底嬌嫩的皮膚。然後，看哪，你成功了！不幸的是晚餐無法進行，因為朋友得開車送你去醫院，治療你那血流不止的腳。不過，在等待醫治的過程中，你對自己唸叨著「紀律就是自由」。

我會說，這三種解決方案都有偏差。第四個（也是最好的）解決方案涉及多一點批判性思維。如果你花一分鐘想一想：「為什麼去趟朋友家看起來這麼難？」這時，你會脫下鞋子，找到小石子並取出來，接著再繼續往下跑。

這就是「疏通法」，也是接下來三章的重點。我們將了解到，拖延通常是由消極的負面情緒所引起，也就是第一部所說的正向情緒的反面。當困惑、恐懼和慣性等負面情緒阻礙我們前進時，我們就會一拖再拖，讓心情更糟，進一步惡化拖延的情形，形成一個情緒低落和停滯不前的負面迴圈。

疏通法鼓勵我們理解，為什麼自己一開始就對做某件事感覺很糟。

幸運的是，我們可以削減這三種負面情緒的阻力。接下來，將探討這些負面情緒是如何影響並消耗我們的能量。我們將利用愉悅生產力的科學，採用有效的策略來克服每一種負面情緒。

不確定性癱瘓

愉悅生產力的第一個阻礙最單純，但也最難察覺。它是如此普遍，以至於我們甚至意識不到它的存在。

試想你在一個大霧瀰漫的傍晚開車。你瞇著眼睛想要看清楚前面的路，還打開霧燈，但濃霧就是揮之不去。最後，你意識到需要靠邊停車，因為濃霧令你寸步難行。

這有點像拖延的感覺。很多時候，我們之所以不知道該從哪裡著手，是因為不知道怎麼起頭，我們周圍彌漫著神祕的迷霧，我稱之為不確定的迷霧。

這是一個經過反覆研究的現象，科學家稱之為「不確定性癱瘓」（uncertainty paralysis）。當我們被未知因素或複雜情況壓垮時，將無法行動。這種癱瘓使我們無法在工作、計畫或決策上取得進展。它讓我們很難感覺愉悅，並阻礙我們完成工作。

不確定性會讓我們感覺很糟，連帶只能達成更少的成就。人類與生俱來就對未知事物感到厭惡。我們天生喜歡可預測性和穩定性，這樣我們才能果斷又有效地採取行動。但同時，我們之中有些人比其他人更善於處理不確定性。心理學家和精神科醫師使用一種名為「不確定性耐受性量表」（intolerance of uncertainty inventory，IUI）來作為測量的方式。該量表由米歇爾・杜加斯（Michel Dugas）和他的同事們在一九九〇年代所開發，由一系列針對不確定性容忍度的語句所組成。例如，其中一項敘述如此寫道：如果事先不知道會發生什麼事，我通常無法接受。為了衡量一般人對於不確定性的容忍程度，心理學家會檢視你對每項敘述的同意程度，並把你的回答加總，得出一個總分。

「不確定性耐受性量表」使我們知道不確定性導致拖延症的原因。對不確定性耐受力低的人，傾向於把不確定的情境視為威脅和焦慮的來源，導致他們拖延，特別是當工作任務有些模稜兩可的時候。為什麼如此？關於焦慮和不確定性之間的關係，某研究指出，其涉及的過程會強化不確定性、焦慮和無所作為之間的迴圈。

1. 高估事情的嚴重性。正在焦慮的人會認為不確定的事件將演變出比現在更糟糕的結果。
2. 過度警惕。當我們感覺到一絲潛在危險的跡象，內在的安全觸角就會豎起來。

3. 認不出安全的徵兆。由於我們對威脅過度警惕，所以當危險警報解除時，我們無法冷靜下來。

4. 變得容易逃避。大腦會讓我們在行為上、認知上都採取規避策略，促使我們儘快遠離不確定的情境。

只要曾經歷過拖延症至少都曾碰過其中的某些狀況。試想一個常見的不確定來源，比如跳槽。假設你有一份穩定的工作，但你正在考慮辭職，換一份較不穩定但可能令你更滿足的工作。這條「較不穩定」的職涯之路，伴隨著不確定性，可能會引發如下過程：

1. 過度看重結果。對於選「錯」職業的負面後果看得太重，比如賺不到足夠的錢。

2. 過度警惕。對於特定職業選擇的成敗，你會過度關注相關跡象，比如太在意指向「很多人後悔轉換工作跑道」的統計數字。

3. 缺乏熱情。你不再尋找有助於達成好結果的因素，例如你停止研究自己有意加入的公司。

4. 逃避。你決定乾脆延後做出轉行的決定，畢竟在目前的工作崗位上再堅持一年應該不至於太糟。

其結果是：你經歷了焦慮、恐懼等緊繃的情緒反應，使你拖延做出轉職決定。你感覺更糟，於是你又更不願意行動。

我們大多數人都經歷過這樣的掙扎，但好消息是，這種迴圈是可以打破的，不確定性的迷霧也可以消除。你只需要問問自己幾個問題，一旦你回答了這些問題，前方的道路就會變得更加清晰。

探索目標

不確定性之所以會造成拖延，主要是因為它使我們的最終目標變得模糊不清。如果我們對於自己為什麼要開始某個計畫毫無頭緒，就幾乎不可能採取行動。

至少，是美國陸軍在一九八二年得出的結論。美國陸軍在一九八二年更新出版了官方《野戰手冊》（*FM 100-5, Operations*），作為軍隊的主要作戰指南，向軍官們概述了在戰場上致勝的最佳方法。該手冊的核心包含一個嶄新概念：「指揮官意圖」（commander's intent）。

指揮官意圖根植於德國的軍事傳統，可以追溯到十九世紀末的普魯士軍隊。德國軍事戰略家意識到，任何作戰計畫都無法預測混亂的戰爭實況。正如戰場元帥老毛奇（Moltke）所說：「在與敵軍首度交手之後，沒有任何作戰計畫能夠發揮作用。」

因此，德國軍官們不再糾結於要求士兵在戰場上一個口令、一個動作，而是擁抱任務型戰術（*Auftragstaktik*）這樣的概念。此一理念強調明確的「原因」，而不是過於詳細的「步驟」。指揮官意圖正如《野戰手冊》所述，由以下三個關鍵部分組成，並圍繞著任務的基本要點：

1. 行動背後的目的。
2. 指揮官的最終目標。
3. 指揮官認為為實現目標，應完成哪些關鍵事務。

指揮官意圖表明，將軍們的目標在於回答層級最高的「為什麼」：確定行動背後的目的，並大致勾勒出可能需要經歷的階段，再讓部隊可以根據前線不斷變化的情況，自行彈性調整決策。

這種方法超越了戰場的限制。理解指揮官的意圖可以透過確定行動背後的目的，撥開不確定性的迷霧。這讓背後的「為什麼」變得清晰可見。

實踐法1 利用指揮官意圖

我們如何在生活中利用指揮官意圖？答案就在一九四四年六月六日於法國北部發生的事件，也就是眾所周知的諾曼第登陸。

盟軍精心策劃攻入遭到占領的法國。在第一輪進攻中，十三萬名三千名士兵將在諾曼第海灘的各處精準登陸，他們會獲得傘兵的支援，而後者將空降在特定的城鎮和村莊登陸，將這些地方從納粹手中解救出來，並確保重要橋樑和道路的安全。但從行動展開一開始就出了不少差錯。

在傘兵空降後的幾分鐘內，他們大多發現降落的地點有誤，在接下來的幾個小時裡，事態更為明朗：一夕之間，許多傘兵小隊被莫名地拆散、混編，他們沒有與自己熟悉、信任的部隊一起著陸，而是被迫與自己素未謀面的士兵並肩作戰。用戰略作家查德・史托利（Chad Storlie）的話來說，這簡直是「一場軍事災難」。

然而奇蹟發生了，幾個小時之內，一切回到了正軌，盟軍儘管未如預期那般奪下某些村莊，但他們還是攻占了幾個符合其戰略目標的村落。在諾曼第海灘登陸的部隊因此得以按照計畫向內陸推進。

整個傳奇事件代表著指揮官意圖的勝利。軍事將領們原先訂定的詳細指示並未派上用場，因為他們制定的具體計畫出了差錯。但由於他們傳達了指揮官意圖，所以參與行動的每個人都知道目標何在。他們作戰的目的是明確的，也因此能夠因應特殊情況想出另一種「方法」。

如今，我每天都將這一個方法運用到自己的生活中。以前，當我開始一項計畫時，會本能地一股腦向前推進，而沒有真正思考我想要的最終狀態。但這種對計畫的執著可能會成為阻礙，使我沉迷於完成一個個具體任務，以至於搞不清楚最終目的是什麼。所以現在，在開始一個新計畫之前，我會問自己關於指揮官意圖的首要問題：「這個計畫背後的目的是什麼？」接著，再依此制定待辦事項。

我發現，問問自己這個簡單的問題，竟能產生非凡的效果。多年來，我一直未能實現鍛鍊出六塊腹肌的目標。每年一月，我興奮地前往健身房鍛鍊，但沒過幾週，動力就會減退，一切又回到了原點。

當我運用「指揮官意圖」這一概念後，才意識到這是因為我完全搞錯了目標。我其實並不想要練出六塊肌，我真正的目標是保持健康，維持平衡的體魄和生活方式。的確，這背後的確有一些美觀的考量，但對於保持健康這個背後真正的目標來說，渴望鍛鍊出健美體魄的動機明顯小得多。

幾乎任何問題都可以採用這種方法。就拿學習法語來說吧，問問自己，學習法語目的是什麼？你是想了解複雜的十九世紀現實主義小說？還是為了在即將到來的巴黎之行應用所學？接下來，研究一下這對整個過程有什麼影響，也就是你將如何學習法語。是使用Duolingo，還是參加語言學習課程，或是狂看一九五〇年代的法國電影？

同樣地，假設你想創業，你可以自問最終目的是什麼？你是想要每月多賺幾百美元，以便能去度假？還是你的目標是數百萬美元，以便早日退休？或者，你是否正在打造一些能夠幫助他人、改變生活的計畫？現在想想這對你的下一步意味著什麼。你是真的需要完全辭掉工作，還是只在晚上抽出幾個小時就行？你是要一頭栽進去開創事業，還是需要先培養自己的技能？

實踐法2 問問五個為什麼

你需要每天無時無刻提醒自己這個重要的「為什麼」。你發送的每封郵件、召開的每次會議、喝咖啡時的每一次閒聊，多少都會讓你離實現這個終極目標更近一點。

但這並不總是那麼容易。你有沒有發現進行一個計畫的時候，你會被短期的截止日和煩人的小任務所困擾，以至於忘記了自己的最終目標？正如我在寫作本書時重新發現的道理一樣，你可以花費數個月甚至幾年，專注於無關緊要但緊迫的任務，而你的終極目標（比如完成一份完整的初稿），卻完全遭到忽視。

那麼，我們如何才能確保每個選擇都符合我們的終極「目標」？二十世紀初的日本生產線提供了線索。在西方，他因創建了以其命名的豐田公司而聞名於世，但在日本，豐田佐吉的名聲更為響亮：首先，他為日本的紡織業帶來了一場革命，在十九世紀末徹底改頭換面；其次，他還是日本工業革命之父。

除此之外，豐田還有一股執著是出了名的：他會確保每個人都把精力用於重要的事情之上，以消除工廠裡出現的錯誤。豐田一向厭惡浪費時間和資源，他最初正是因為設計了一款手工織布機而聲名鵲起。這款織布機只要有一根織線斷裂，就會自動停下，避免消耗更多布料。這種致力於消除浪費的態度，促使他開發出現今著名的方法，也就是「五個為什麼」。

「五個為什麼」提供了一個簡單的方法，幫助人找出問題的原因。只要生產線上出現錯誤，豐田的員工就會問五個「為什麼」。假如有一臺機器故障，第一個為什麼會引導他們找到直接原因，像是「因為有一塊布卡在織布機裡」。下一個為什麼會挖得更深一些，例如「因為大家都有點累，所以注意力不集中」。到了第五個為什麼，員工們就會找到問題的真正根源：「因為老闆是個徹頭徹尾的噩夢，使得企業文化令人喘不過氣。」

我改良應用豐田的方法時，不只拿來解釋錯誤發生的原因，還用來決定一項任務是否值得去做。每當我的團隊中有人建議開展一個新的專案，我都會問五個「為什麼」。第一次的答案通常與完成短期目標有關，但如果這件事真的值得去做，所有的「為什麼」都應該指向你運用指揮官意圖所訂定的最終目標。如果沒有，你或許不應該去做這件事。

我發現這種方法有助於讓我和團隊把注意力放在真正重要的事物上。反覆問「為什麼」能提醒我們真正的重點是什麼，並讓我們專注於此。突然間，那些無關緊要的急迫任務就顯得不那麼重要了，而那個最重要的目的、最大的「為什麼」，自此變得清晰可見。

化為具體

一旦確定了「為什麼」做這件事，接下來就需要把它轉化為更具體的東西。畢竟，一個模糊的目標不足以啟動執行。你還需要一個詳細的計畫，以免你不知道自己該從何下手。但是在實踐過程中，想要釐清自己應該做些什麼，往往並不容易。

以職場為例，吉姆和新雇主查爾斯之間的關係並不順利。無論吉姆怎麼做，查爾斯都認為他懶惰、不認真、不專業，他似乎無法給人留下好印象。

一天早上，查爾斯要吉姆交給他一份所有客戶資料的「摘要」。不幸的是，吉姆根本不知道摘要是什麼。接下來，吉姆在辦公室裡徘徊，試圖弄明白他究竟要做什麼，但又不會讓查爾斯發現自己對此一無所知。一天下來，吉姆一無所獲。最後，他走進查爾斯的辦公室，打算聽天由命，不管老闆會有什麼反應，於是他問道：「摘要是什麼？」

我說的正是美國版的《辦公室風雲》（*The Office*）第五季第二十三集的情節。這是收視率最高的影集之一，因為它如實描述了現代職場的日常，駭人卻又令人捧腹：老是要求細節的老闆、辦公室政治，以及最重要又讓人崩潰的是，你完全不知道眼前的任務會牽扯到什麼。

這就是我所指的，對「做什麼」的不確定性。想像一下，你是一名學生，正在苦思作業應該怎麼完成；你是一名員工，正在為老闆含糊不清的指示而困惑；或者你正試圖擬定一個計畫，比如學彈吉他，卻不知從何下手。在這些情況下，不確定自己到底應該做什麼會成為令人生畏的障礙，甚至耗盡你的精力，讓你在開始行動之前就感到筋疲力盡。

解決辦法是什麼？就是將抽象的目的轉化為一套具體的目標和行動，從「為什麼」走向「做什麼」。

實踐法3 制定「NICE目標」

想將意圖轉化為計畫，首先需要設定一些目標。你或許知道你的終極「為什麼」，但是如果沒有一個明確的最終目標，你很難確定如何走向終點。只是目標的設定可能很棘手。每個人理所當然都同意目標很重要，問題是人們往往對於目標應該長什麼樣意見分歧。

早在一九八一年，喬治．多蘭（George T. Doran）任職於水力發電公司，擔任企業規劃總監兼顧問時，曾在一期《管理評論》（*Management Review*）上提出建立SMART[2]目標的概念。這個縮寫詞分別表示：具體、可衡量、可分配、相關聯、有時限，這個簡單好記的公式很快在管理和個人發展領域獲得了廣泛的認可。隨著時間過去，無數縮寫詞接連出現，每個縮寫詞都對何謂有效的目標有自己的解釋。這些縮寫詞包括FOCUSED，[3]分別表示靈活、可觀察、一致、普遍、簡單、明確、定向；HARD，[4]分別表示發自內心、生動、必需、困難，甚至還有BANANA這個縮寫詞，分別表示平衡（balanced）、荒謬（absurd）、無法實現（not attainable）、狂熱（nutty）、雄心勃勃（ambitious）等。好吧，最後這個縮寫詞是我編的。

所有這些縮寫詞都有一些共同點。首先，它們皆強調每一個目標都必須明確、可量化。無論是「具體」還是「明確」，你的目標都應該易於追蹤和檢

2 譯註：SMART的英文分別為specific、measurable、assignable、relevant、time-related。

3 譯註：FOCUSED的英文分別為flexible、observable、consistent、universal、simple、explicit、directed。

4 譯註：HARD的英文分別為heartfelt、animated、required、difficult。

查。其次，它們非常注重結果，因此使用：「可衡量」和「可觀察」等標準，讓你可以客觀知道自己何時達到了預期的最終目標。

因此，如果「設定容易追蹤、以結果為導向的目標」被證明是無效的做法，那可真是一大憾事；萬一，這類目標甚至被證明會阻礙生產力，而不是帶來幫助呢？

不幸的是，這一點正是新一波研究所指出的問題。研究發現，雖然對於某些類型的人和任務來說，具有挑戰性的具體目標可以提高績效，但它們也會產生意想不到的負面影響。

當我第一次看到這種說法時，簡直不敢相信。多年來，我一直奉行以SMART做為實現目標的圭臬。但突然間有人告訴我，這些方法並不如預期那般有用。

透過科學，我們可以清楚看出一個問題就是「視野狹隘」。當我們太專注於實現一個非常具體的最終目標時，我們可能會忽視其他關鍵因素，比如忠於我們的價值觀。但更大的問題在於對我們動機的影響：如果太過執著於一個目標，就會忽略過程可能帶來的內在樂趣。二〇〇九年，哈佛大學、西北大學、賓州大學和亞利桑那大學的研究人員合作發表了一篇論文，題為〈目標失控：過度設定目標的系統性副作用〉（Goals gone wild: the systematic side effects of overprescribing goal setting）。他們將目標設定描述為令人上癮又有害的過程，這種「處方等級的藥物」不應該被當成「良性的、非處方的動機療法」。

我並不是說所有的目標設定都是不好的，或者說SMART或與之相關的目標設定沒有效果。當然，它們確實能激勵某些類型的人和某些特定的任務，只是它們的確有其副作用。如果你有拖延症，你可能會受益於另一種方法。

我偏愛的方法從不會綁定某個外部結果或目的，而是著重在通往目標的旅程，我們必須感覺愉悅，這就是我所說的NICE目標。

• 短期（near-term）：短期目標確保我們在追求目標的旅途中，專注於眼前需要採取的步驟，並避免我們被龐大的願景給壓垮。我發現以一天或一週的時間範圍來規劃目標，最為有效。

• 以輸入為本（input-based）：以輸入為本的目標強調過程，而不是一些遙遠、抽象的最終目標；以輸出為本的目標則專注於最終結果，例如「年底前減掉五公斤」、「我的書登上暢銷書排行榜。」以輸入為本的目標會將重點放在我們此時此地能做的事情上，例如「每天散步十分鐘」、「每天早上為我的小說寫一百個字」。

• 可控制（controllable）：專注於我們控制範

NICE 目標

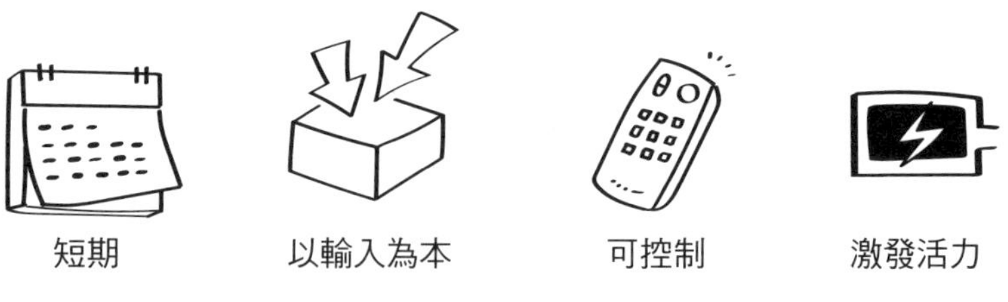

圍內的目標。「每天花八個小時寫小說」恐怕不是確實可行的事情，因為許多外部因素必須齊備才有可能實現。設定真正可控制的目標（比如每天分配二十分鐘來完成這項任務）則更容易實現。

- 激發活力（energizing）：我們已經討論過很多可以讓計畫、任務和雜務更令人振奮的原則和策略。想想看，有沒有什麼方法能將遊戲、自我賦權和關係能量整合進你自己設定的目標？

你可以把SMART用於長期目標，而NICE則可用於此時此刻能夠完成的事情。下頁表格舉出幾個例子來說明。

這樣制定出來的目標，將能增強你的能量和愉悅生產力，但又不會在你沒有達成時，使生活失序。

實踐法4 用水晶球找問題

一旦訂好了NICE目標，你應該會更清楚自己需要做什麼，才能更容易開展計畫。但在你展開這趟旅程之前，或許一先來點疑難排解，能讓你走得更順暢。

設想一週後，你釐清了要做什麼，以及為什麼這麼做的原因。然而，儘管做了萬全準備，你卻還是沒有踏出第一步。究竟是哪裡出了差錯呢？

我稱這種方法為「水晶球法」，有時也被稱為「事前驗屍法」（pre-mortem）。它讓你可以在計畫與目標脫鉤前，找出其中的重大阻礙。

	SMART 目標	NICE 目標
健康	在接下來的三個月內減掉二十磅。	每天運動三十分鐘，專注於有趣與可控制的運動項目。
職涯	兩年內晉升為高級管理職位。	每週花一個小時鍛鍊一項專業技能或與專業人士進行交流。
教育	兩年內完成碩士學位。	每天花三十分鐘複習課程，在能力所及範圍完成指派作業。

這個概念很簡單，透過在腦中反覆思考可能出錯的原因，就能大大降低出錯的可能。事實上，華頓商學院教授黛博拉・米契爾（Deborah Mitchell）極具影響力的研究「後見之明」（prospective hindsight）便指出，藉由想像事件發生的過程，將使我們辨別事情順遂或出錯的能力提高百分之三十。

對我來說，只要自問幾個簡單的問題，就會發現水晶球法的強大之處，而我會向我的團隊提出這些問題，我也鼓勵他們向我提問。

1. 想像一下，現在是一週後，而你還沒有真的開始處理你打算完成的任務。那麼你尚未開始的三大原因是什麼？
2. 你能做些什麼來削弱使你裹足不前的三個原因？
3. 你可以請誰協助你堅守完成任務的承諾？
4. 你現在可以採取什麼行動，來增加你真的投身任務的機率？

不論我們為了達成什麼目標而陷入掙扎，這種方法幾乎全都適用。因為唯一可以確定的是，有些事不會按照你的計畫進行，因此你也需要為此做好計畫。正如艾森豪將軍所說：「沒有任何戰役能按照計畫贏得勝利，但也沒有任何戰役能夠沒有計畫就獲勝。」

定下時間

你有多少次在考慮開始處理一項任務時，心裡會想：「我不知道該如何抽出時間？」哲學作家奧利佛．柏克曼（Oliver Burkeman）提到：「時間總是不斷流逝。」對有些人來說，時間總是過得特別快。雖然有人說，我們每個人每天都有相同的二十四個小時，但這顯然不是真的。也許我們每天都有二十四個小時，但其中有多少小時是自己可以控制的，會取決於很多因素。一個擁有廚師、司機、兩個全天候保姆和三個私人助理的名人，或許在二十四小時之中，擁有更多可以隨意支配的時間。至於我們這些凡人，每天必須花幾個小時來維持生活所需，通勤上班、工作、通勤下班、照顧孩子、做飯、打掃、購物、洗衣服。

這一切都意味著，時間總是感覺不夠用。因此，時間管理的問題，正是撥開不確定迷霧的最後一步。

到目前為止，我們已探討了透過提出「為什麼」來確定整體目的，再提出「做什麼」，來確定具體的最終目標和任務。但還有一個問題我們沒有回答。如果不知道什麼時候該做什麼事，你將不會身體力行。

從某種程度上說，詢問「何時」是為了接受自己的侷限。如果你一週只有幾個小時的閒暇，而你並沒有按照「生產力」的標準做充分的利用，這不代表你就是在拖延；也許你只是有自己的輕重緩急罷了。

不過，當我們談的是那些我們真正想要投身其中的事務時，就需要找到「何時」這個問題的確切答案。而我們的第一個方法，正來自二〇一〇年代中期的波士頓大學。

如果不知道什麼時候該做什麼事，你將不會身體力行。

實踐法5 若X發生，就去做Y

二〇一五年的秋天，波士頓的大街小巷正在發送一張廣告傳單，內容是招募想要「增進運動時間」的人。負責的研究小組希望了解有什麼方法，最能有效促成人們運動。對廣告感興趣的人受邀參加研究，他們被設定了一個目標，即增加每週行走的步數。每個人都獲得一個Fitbit，這是能追蹤每日步數等各種健康數據的裝置，而他們被要求佩戴五週。

受試者在不知情的情況下被分成了兩組。第一組只給他們Fitbit，沒有進一步的說明。第二組獲得了Fitbit和一系列提示，開始時，要求他們說明會在一天中的什麼時候多走幾步。從那時起，他們每天晚上都會收到電子郵件，要求他們審視第二天的行程安排，確定哪個時段可以做這件事。

這一個微小的干預措施取得了巨大成果。五週結束後，當初只拿到Fitbit，卻沒有獲得任何指示的第一組，他們的計步器數字與原來相比幾乎沒有變化。相較之下，拿到Fitbit又接受指示的第二組，他們的計步器數字從平均每天七千步增加到了近九千步。

這些促成進步的微小提示被稱為「實施意圖」(implementation intentions)，而研究行為改變的科學表明了這個方法的效果驚人。實施意圖一直是紐約大學心理學教授彼得・戈爾維策（Peter Gollwitzer）的研究重點。他們提供了一種方法，讓你在日常工作中為新計畫設置一些時刻，如同前面提及的波士頓研究。若事先決定什麼時候要安排做某件事，你將更有可能去完成。根據戈爾維策的觀點，運用實施意圖的最佳方法，就是使用這個條件句型：「如果X發生，那麼我會去做Y。」

如果想練習正念，但不確定如何將這個練習納入時程，不妨創造一個觸發點：「當我今天中午起身喝茶時，我會做五次深呼吸，再走往茶水間。」

如果想讓吃水果從偶發行為變成長期的行為改變，不妨創造一個觸發點：「當我走進廚房時，我會吃一個蘋果。」

如果你想與家人共度更多時光，同樣可以創造觸發點：「當我下班回家時，我會打通電話給母親。」

這些微小的觸發點可以產生顯著的效果。二〇〇六年，戈爾維策與人合寫了一份分析報告。一項針對八千多名受試者與九十四項不同研究進行的統合分析表明，這些「如果……那麼……」能從根本上改變人們的長期行為。箇中結論是，當我們有意為自己設定一個「如果……那麼……」的語句時，就能預先增強我們對應相關情境的心理圖像。一旦碰到了觸發點，你會很難無所作為，因為你已經把這套行為整合到你面對這種情境時的心智模型裡面了。

這麼做將帶來非凡的成果，因為你不再需要考慮什麼時候去做某件事，你自然就會去做了。

你不再需要考慮什麼時候去做某件事，你自然就會去做了。

實踐法6 分配你的時間預算

另外還有一個更為顯著有效的方法，可以幫助你找出時間做你覺得重要的事。只是這個方法一般人並不常用，那就是：時間區塊。

「如果你想完成某件事情，就把它記在行事曆上」，這是對時間區塊的理想說法，但我說的不只是安排會議時間，還包括安排時間用於密集專注的工作、行政事務和慢跑。雖然這個方法看似明顯，但它卻是我們絕大多數人沒有善加利用的簡單工具。

我認識許多人的組織能力強、積極主動、擁有明確的人生目標，卻沒有花力氣把自己最重視的事情寫進行事曆，這讓我感到十分吃驚。我是經歷了慘痛教訓後才明白，如果不把想做的事寫進行事曆，它們就沒有完成的一天。

我經常在想，為什麼人們如此抗拒充分利用行事曆。我猜，人們不太願意把一天安排得如此井井有條，是因為寫下「去健身房」或「花一個鐘頭創作小說」，對於我們認為「工作」以外的事情來說，可能會顯得過度僵化、太有條理。

但事實上，有條不紊能帶給你更多自由，而不是更少。只要為不同的活動劃分特定的時間區塊，就能確保你有時間去做那些對你來說重要的事情，不論是工作、嗜好、放鬆或人際往來。你不會只是對於一天之中冒出來的各種事情做出反應，而是能按照你的優先事項規劃生活。

試著將時間區塊視為時間預算，就像把收入分配到不同的類別，例如房租、日用品、娛樂和儲蓄，我們也需要把一天中的二十四小時分配給不同的活動。如同對金錢擬定收支預算可以幫助你獲得財務自由，分配時間區塊同樣可以帶給你時間自由。

如果你迫不及待想運用時間區塊，可以參考我已經建立的三階段系統。

第一階段是為你一再逃避的事情安排時間區塊，開始處理那些長久躺在待辦清單上的事項。也許是清理電子郵件收件匣、整理工作空間，或是面對你一直想避開的報告。在行事曆中為這些事務分配明確的時間，例如安排週二上午九點到十點來清理收件匣，並像對待其他約會一樣對待這個時間區塊。當分配的時間一到，就把注意力完全集中在眼前的事務。

第二階段是將一天中的大部分時間，都以時間區塊分配。當你練習過為單一事項分配時間區塊之後，在每天一早，你該為接下來的一整天進行時間區塊分配。試想，在起床後，如此展開一天：七至八點鍛鍊體能、八至九點是早餐和家庭時間，九至十一點留給重要的工作計畫，十一至十一點半收發電子郵件，以此類推。

也就是基本上來說，把自己的待辦清單變成行事曆。透過為每項任務分配具體的時間段，就能為何時以及如何完成一天的工作，制定清楚的計畫。

最後是第三個階段，用時間區塊打造出「理想週」。你不只是在計畫某一天，而是預先規劃未來七天的生活，確保生活各方面和對你來說重要的事情，包括工作、家庭、嗜好、運動、放鬆、個人發展等，都能得到應有的關注。為一週中的這些事件，劃分出特定的時間區塊。

譬如，你可以決定每個工作日從傍晚六至七點是體能鍛鍊時間，七至八點是家庭晚餐時間，八至九點是個人閱讀時間。同樣地，週一和週二上午用於專注工作，週三下午用於團隊會議，週五下午用於個人發展。關鍵是創造一個適合自己的平衡點，「理想週」應該反映你的優先事項、抱負和個人的情況。

你可能無法完全落實你的理想週安排，而我說的「理想」就是這個意思。難免總有突發事件打亂計畫，但不要緊，訂定時間區塊並不是要制定一個毫無彈性的時間表，壓得你喘不過氣；而是要提供一個結構，確保你有安排時間去做對你來說最重要的事。一旦做到了這點，不確定的迷霧就會逐漸散去。

重點回顧

- 我們誤解了拖延症，因而經常治標不治本。這些根本原因與我們的情緒有關：當我們的心情感覺很糟，我們能完成的事情就會減少。因此，「疏通法」就是要找出真正影響你好心情的原因，想辦法消除它。
- 影響情緒的第一個障礙其實很單純：不確定性。解決辦法是什麼？釐清你究竟想要怎麼做。這需要自問「為什麼？」，了解「為什麼」之後再弄清「如何做」。
- 接下來，要問「做什麼？」這意味著從另一種角度看待目標設定。請忘了SMART目標，你需要的是能讓你感覺良好的NICE目標：短期、以輸入為本、可控制、能激發活力。

5 打散恐懼

艾力克斯·霍諾德（Alex Honnold）用指尖緊緊抓住岩石。幾千英尺之下是優勝美地的山谷，他的朋友們待在森林覆蓋的坡地上，心驚膽顫地看著他攀岩。他試圖攀登高達三千英尺的酋長岩，身上沒有任何東西將他與岩壁綁在一起，而他在當下無法回頭，唯一能做的就是繼續向上攀爬。

紀錄片《赤手登峰》（*Free Solo*）描述霍諾德在沒有繩索的情況下，徒手攀登酋長岩的創舉。電影於二〇一八年上映後，引起了轟動。這部電影引發我們思考一個很多人都曾問過的問題：為什麼有些人敢做多數人做夢都不敢想的事情？

在這個例子中，答案可能與霍諾德大腦的一個獨特面向有關。他擁有我們其他人沒有的東西，或更確切來說，他缺少我們其他人所擁有的東西。在其中一幕場景，紀錄片拍攝小組跟隨霍諾德來到醫生的診間，在那裡他接受了核磁共振掃描。醫生解釋說，霍諾德大腦裡叫做杏仁核的微小區塊，與多數人相比不夠活躍。

杏仁核是「威脅探測器」，負責產生幫助我們生存的情緒，如恐懼。杏仁核有缺陷的人不會感覺到恐懼，在公共場合演講不會怯場，走到繁忙的馬路中間也不覺得害怕。這也就解釋了為什麼霍諾德能在三千英尺的高處緊緊抓住一塊垂直的光滑岩石，卻不會感到緊張。

杏仁核的好處在於它能幫助我們生存。大腦如果沒有這個部分，就不會敦促我們避開老虎、蛇和高速行駛的車輛，人類可能就不會存活這麼久。壞消息是，杏仁核也可能識別出子虛烏有的威脅，研究人員稱之為「杏仁核劫持」（amygdala hijack）。即使我們的安全並沒有受到嚴重威脅，杏仁核也會告訴我們要迴避和閃躲。

杏仁核劫持是構成我們第二個主要障礙的原因：恐懼。當遇到威脅我們安全感的挑戰時，比如遇到一群陌生人，或接受一項必須在緊迫期限前完成的任務，或必須通過一項重要的考試，杏仁核會將眼前的事情解釋為一種威脅。即使我們理性知道，拖延會給未來帶來更大的壓力，但我們的大腦仍然更關注如何在當下消除威脅。最簡單的方法是什麼？什麼都不做。

你是否曾經因為害怕被拒絕，而在申請工作或晉升時猶豫不決？或者因為不認識參加者，而拒絕參加社交活動？或者，因為擔心自己技能不足而無法開始某個創意計畫？這就是你的杏仁核在發生作用，每一次都是。

恐懼是阻礙我們發揮生產力的另一個負面情緒，它會阻擋快樂賀爾蒙，讓我們思考、解決問題的能力籠罩在陰影之中。在恐懼面前，很自然會產生拖延症。

解決辦法是什麼？鼓起勇氣。正視我們的恐懼，承認它，並超越它。別誤會我的意思。本章的目的並不是要神奇地「治癒」或「克服」你的焦慮和自我懷疑。除非你是艾力克斯・霍諾德，否則你的恐懼可能永遠無法完全消除。但是透過培養勇氣來面對、理解恐懼，我們就能克服這種情緒阻礙，避免終生遭到拖延症的糾纏。當恐懼阻礙我們發揮能力時，勇氣就是解鎖的鑰匙。

缺乏天賦或靈感並不會阻礙你，恐懼才會。

了解恐懼

我花了七年才開始創業。從二〇一〇年開始，我就打算開設一個YouTube頻道。但是每當我想到要拍攝第一部影片時，即使我已經把它列在行事曆，並坐下來準備拍攝，我仍會感到有某種力量阻止我去做這件事。起初，我以為是因為我的完美主義而遲遲沒有拍攝，畢竟我對自己的標準很高，我不想製作糟糕透頂的影片。

但現在回想起來，我發現自己錯了。雖然我在很多事情上都是完美主義者，比如考試、交朋友、變魔術，但這並不妨礙我動身做這些事情。阻礙我的還有別的東西：恐懼。對失敗的恐懼、對批評的恐懼、對自己不夠好的恐懼。多年來，恐懼的聲音一直在說著「你不可能成功」、「你不夠資格去做這件事，為什麼還要去嘗試？」最後，我直到二〇一七年才製作了第一部影片。

也許我花了將近十年才克服這些恐懼，主要原因在於我對恐懼不夠了解。我無法用言語來解釋是什麼阻止我拍攝這些影片，以為自己只是偷懶，或者不夠投入，這加劇了我的自我懷疑和消極的自我對話。但當我開始明白恐懼在我生命中扮演的角色，就發現它是阻擋我實現理想的主要障礙。

知識就是力量。了解恐懼是克服恐懼的第一步。如果處理得當，甚至不需要花費七年時間。

了解恐懼是克服恐懼的第一步。

實踐法1 為情緒貼上標籤

二〇一六年，八十八名蛛形綱動物恐懼症患者、幾位科學家和一隻智利紅玫瑰毛蜘蛛充分示範了了解恐懼的第一種方法。

帶著怦怦直跳的心臟和手心的汗水，這群驚恐萬分的受試者，列隊迎接地球上最大型的蜘蛛。他們魚貫地靠近這隻六英寸長的狼蛛，牠伸展的腿在容器的壁面上投下了不祥的陰影。直到最後，最令人心驚膽戰的時刻到了：受試者被要求伸出食指尖去觸摸這隻蜘蛛。

這些人並非受虐狂。他們是一項開創性恐懼科學研究的受試者。尤其是，他們的目的是為了探索恐懼的神祕力量，以幫助我們克服恐懼。

在與狼蛛接觸之前，受試者被分成了幾個小組。加州大學洛杉磯分校的科學家們在進行實驗時，各自準備了一些簡單的策略。有些人被告知要分散注意力，或以不那麼負面的方式看待蜘蛛。不過，其中一組人被要求做一些更具體的事情：那就是在面對狼蛛，給自己的情緒貼上標籤，例如：「我害怕這隻噁心的狼蛛會撲向我，因此感到很焦慮。」

研究結束時，受試者都表示對這次經歷感到痛苦，但有些組別的感覺好一些。其中表現最好的一組是那些把自己的恐懼表達出來的人，他們更願意靠近蜘蛛。他們回報自己的恐懼感逐漸減弱，取而代之的是一種新的控制感。這種感覺在初次測試後持續了長達一週的時間。

這項研究為我們提供了一種強有力的方法，讓我們看到恐懼的真實面目。這裡的目標並不是讓你的杏仁核完全停止工作，以免大大增加你被卡車撞到的機率，這裡是要識別杏仁核劫持正在發生。

這種技巧被稱為「情緒標籤」（affective labelling）。簡單地說，就是把你的感受用語言表達出來，迫使你去識別和了解自己正在經歷的感覺。這有兩種作用，首先，它能增強我們的自我意識。藉由命名和承認我們的恐懼，就能培養更深的自我意識，幫助我們更有效了解自己的情緒模式。其次，它還能減少我們反覆回想。當我們一再想起我們的恐懼時，會更加堅信如此恐懼是合理的。當我們給自己的情緒貼上標籤時，就能更有效地處理和釋放情緒，進而擺脫那些讓我們把事情一拖再拖的重複想法。

問題是，替情緒貼上標籤可沒有這麼容易。如果你和我一樣，也許會發現要找出讓自己裹足不前的恐懼和情緒還滿難的。我們很擅長為自己無所作為找出「合理」的理由，例如：「我還沒創業不是因為我害怕什麼，我只是還沒有找到好點子」，或是「我寫小說沒有進展不是因為恐懼，只是沒有時間。」

要如何才能養成說出自身恐懼的習慣，進而學會處理恐懼？其中一種方法會需要問自己幾個問題。當拖延症發作時，問問自己：「我在害怕什麼？」我們的核心弱點和不安全感往往是拖延的根源。要克服它們，就要先找出它們。

接下來，進一步問自己：「這種恐懼來自哪裡？」是「我」的原因，還是「他人」？「我」的原因通常與你對自己能力的看法有關。例如，害怕自己不夠資格，或準備得不夠充分，因此遲遲無法開始。「他人」的原因則是與他人對你所做事情的反應有關。例如，害怕別人不喜歡你的作品，或他們會因為你展現自我而對你品頭論足。不論哪一種情況，都要嘗試找出恐懼的來源。

那麼，如果你還在苦苦掙扎，無法冷靜地理解自己的恐懼，該怎麼辦？我發現有個策略相當管用，那就是告訴自己：我正在經歷的是別人的故事。我會告訴自己，我當然沒在怕的，但如果要我編個虛構故事，談談某個和我處境相像的人，因為害怕而選擇拖延，那麼他害怕的可能原因是什麼？什麼樣的恐懼可能阻礙了這個虛擬角色開始行動？

實踐法2 給自己換個標籤

有時，我們的恐懼與特定事物有關：開始一個計畫，或面對那隻巨大的狼蛛。但有時，我們的恐懼更廣泛：與其說是針對具體的問題，不如說是關於牽連更廣的身分認同。我們會替自己貼上標籤，讓自己害怕得不敢開始行動：「我不擅長跑步。我害怕數學。我不喜歡需要創意的任務。」

這些身分認同正如同那些對特定事物的恐懼，也會讓我們對於起步感到害怕。早在一九六〇年代，心理學家霍華德．貝克（Howard Becker）就指出，社會給我們貼上的標籤會大大影響我們的行為模式。當時，貝克聚焦於研究犯罪領域的標籤，他發現初犯後被貼上「罪犯」標籤的人，更有可能再次從事犯罪行為。

一九九〇年代，一系列研究表明這個問題不只影響犯罪。從學校到青少年拘留中心，再到軍隊，被貼上負面標籤的人更有可能重複出現問題行為。貝克指出，我們給自己貼上的標籤將會影響我們的行為。貝克將此見解稱為「標籤理論」，表明了標籤會促成自我應驗的預言。你可能親身經歷過類似情況，例如談了一次失敗的感情，就得出結論，認定自己根本不擅長此道；或是某次考試沒過，就給自己貼上了學業失敗者的永久標籤；又或者因為錯過了某個截止日，就給自己貼上「拖延症」的標籤。

好消息是，貼標籤的行為也可以反向操作。正如負面標籤會放大我們的恐懼，正面標籤也能克服恐懼。

例如，當我感到自我懷疑時，我最喜歡給自己貼上的標籤就是「終身學習者」。這個標籤突顯我樂意學習和成長，讓我不再關注拖延的負面影響，比如羞愧和後悔，並使我有信心向前邁進，繼續學習。終身學習者會不斷尋找提升自己的新方法，絕不會長期陷入拖延症的泥沼。

你也可以自己運用這種方法。當你開始拖延時，看看自己使用的標籤。你是不是把自己跟問題綁在一起了？你會不會經常說「我是個慣性拖延者」或「我不能保證會按時完成」之類的話？什麼樣的身分認同才是更積極正面的？努力工作的人？曾取得很多成就的人？或者，能趕上截止期限的人？

這聽起來只是一個微小的變化，但事實並非如此。標籤不只是別人貼在我們身上的東西，它也是幫助我們了解自己的工具。如果我們能改變自己的標籤，往往就能能改變自己的行為。

減少恐懼

當彼得．迪利奧（Peter DeLeo）來到加州奧蘭查的牧場之家咖啡廳時，他已經憔悴得幾乎認不出自己，因為他連續走了九天。

他搭乘的單引擎飛機在內華達山脈墜毀，三名乘客奇蹟似的全部生還，近兩個星期後，只有迪利奧動身求援。傷痕累累的他離開飛機殘骸前去找人幫忙，但這段路並不好走：飛機墜毀在大約九千英尺高處。迪利奧不得不沿著積雪覆蓋住的山脊徒步行走。最後，他在山脊上發現了燈光，於是在黑暗中跌跌撞撞地走到公路上，攔下一輛路過的汽車。

抵達咖啡廳後，迪利奧拒絕接受治療。因為當務之急是讓救援隊尋找機上另外兩名乘客。他登上飛機，帶領搜救人員返回失事地點。但為時已晚，他的朋友全都喪命。

是什麼原因讓迪利奧在跋涉求救的途中活了下來，而機上另外兩名乘客卻在等待中喪生？救難心理學家約翰・利奇（John Leach）花了數年時間試圖找出答案。「媒體只是輕描淡寫他失去了兩名同伴，」利奇曾寫道：「其中一人在墜機後僅有輕微擦傷，為什麼卻喪命？那裡有遮蔽物，可以生火，有飲水，而且十一天內不會挨餓。」

利奇對人們在面對災難時的反應所做的研究，揭示了人類本性的一個關鍵真理：當我們感到恐懼時，我們會陷入癱瘓。在災難中，受害者通常會出現認知癱瘓，這意味著他們無法思考、下決定或採取行動。

好消息是，我們可以減少認知癱瘓。畢竟，並不是每個人在經歷恐懼時，都會受其影響而喪失行為能力。對彼得・迪利奧這樣的人來說，會讓我們其他人僵住不動的腎上腺素，似乎可以被轉化為更強大的力量，幫助他們攀登高峰、尋求救援、繼續前進。因此，只要有了正確的工具，我們可以減少恐懼的影響。

實踐法3　10／10／10法則

減少恐懼對我們造成影響的第一種方法，就是從不同的視角去看待同一件事。恐懼讓人癱瘓的原因之一是我們傾向於把事件災難化。在我們的腦海中，一點小挫折都顯得至關重要，而任何可能的失敗都好像會毀掉我們的人生，讓我們永遠走不出來。以下面例子來說：

- 你被喜歡的人拒絕。結果，你覺得自己不值得被愛，將孤獨終老一生。
- 你遭到一家公司拒絕，沒有被錄用。結果，你認定自己不可能被任何公司錄用，最終會失業，無家可歸。
- 你第一次考駕照，沒有通過。結果，你認定自己的駕駛技術很差，以後再也不開車了。

當你發現自己以這樣的方式將事件災難化時，試著退一步，從更寬廣的角度看待。只要有了正確的工具，我們就能意識到事情並不像看上去的那麼糟，恐懼也就不會那麼強烈。

這個過程的科學名稱是「認知再評估」（cognitive reappraisal）：改變對某種情況的解釋，使我們在情緒上感覺更好。認知再評估的主要目標是轉變我們對某一事件、想法或感受的角度，讓我們體驗到更正向的情緒反應。

實踐認知再評估的一個簡單方法，就是提醒自己，你感覺如此糟糕的事情在未來可能不那麼重要。你可以運用我所說的10／10／10法則，問問自己以下三個問題：

10 分鐘後，
這件事還重要嗎？

10 週後，
這件事還重要嗎？

10 年後，
這件事還重要嗎？

從前面的例子來看看，我們要如何應用。

觸發事件：你被喜歡的人拒絕了。10分鐘後，這件事還重要嗎？我可能還是會覺得有點沮喪，不想在那個人面前露臉。10週後，這件事還重要嗎？也許吧，但到那時我可能就不會那麼難過了，因為很多事情都有可能發生。10年後，這件事還重要嗎？可能完全不會難過了吧。這段期間我會遇到很多人，有的會完全改變我的生活。

觸發事件：你遭到一家公司拒絕，沒有被錄用。10分鐘後，這件事還重要嗎？也許吧，我可能會一整天都情緒低落。10週後，這件事還重要嗎？也許不會，因為到了那時，我會繼續找其他工作。10年後，這件事還重要嗎？肯定不會。事業成功的人很少沒有遇到任何挫折，我將學會把這看作是一個小插曲。

觸發事件：你第一次考駕照，沒有通過。10分鐘後，這件事還重要嗎？也許吧，我得把這個消息告訴我的教練，然後應付一下尷尬場面。10週後，這件事還重要嗎？也許不會。我到時會報名另一次考試，希望可以順利通過。10年後，這件事還重要嗎？肯定不會。我可能早已忘記所有的恥辱和尷尬，如果我還記得，那也只是個有趣的故事。

當我們因為某個問題而倍感壓力時，10／10／10法則能幫助我們看清事情的輕重。通常我們會發現，自己當下所擔心的失敗並不會永遠定義我們是誰，而我們現在的恐懼也不總是那麼舉足輕重。

實踐法4 自信方程式

當然，恐懼的樣貌不總是那麼戲劇化，讓我們覺得「自己的人生將毀於一旦」。我們經歷的某些恐懼是一種刺耳的自我懷疑，阻擋在我們與目標之間，使我們害怕自己不夠好。

我經常把這種自我懷疑看作是一種懸空的狀態。我們被困在兩種相左的信念之間，一部分的我們認為「我真心想做這件事」，但另一部分的我們卻說「我不可能做到」，於是我們動彈不得。

例如，當寫作拖延症的毛病又犯了（我經常如此），往往是因為我擺盪在兩種想法之間。一方面，我真心希望完成我的書，創造出美好的作品！幫助他人！另一方面，腦海裡又有一個聲音在說：「反正我寫的東西都是垃圾，所以我根本就不該做這件事！」或者說：「我根本就不是個好作家，我為什麼要這樣做？」

當然，在某些情況下，自我懷疑還是很有用，也有道理，例如我強烈懷疑自己開飛機或設計火箭的能力，恐怕就是好事一樁。然而，大多數的自我懷疑卻沒有那麼理性。當自我懷疑造成拖延時，通常不是因為實際存在的問題，而是認知的產物：我相信自己具備的能力少於我認為需要有的能力。如果用數學方程式來表示，可以寫成這樣：

自信＝對能力的認知－對標準的認知

如果我們相信自己的能力高於所需的標準，我們就會有信心。如果我們相信自己的能力低於所需的標準，我們就會產生自我懷疑。

這一切對於減少自我懷疑意味著什麼？這意味著有了正確的工具，你可以重新平衡自信方程式，進而激發行動。我們在自我賦權那一章裡談到如何增強自信，這些技巧對於消除自我懷疑都很有幫助。然而，即使我自稱為生產力大師，每天仍要面對自我懷疑造成的拖延症。在寫作本書的過程中，自我懷疑仍是造成寫作障礙的主要原因：我曾有幾天（甚至幾週！）覺得自己根本做不到這件事。

在這樣的時刻裡，建立自信可能不是最佳的解決辦法。有信心當然好，而且肯定會讓一件事更容易起步。但如果你只是想激發鬥志，讓自己不再拖延，你可能需要採用更簡單的方法。

就我而言，這個方法不會神奇地克服我低落的自信心，而是把它轉化成不重要的問題。我最愛的方法其實很簡單。只要問問自己：「我需要有多大的信心才能開始做這件事？即使我覺得沒有信心，我還能去做這件事嗎？」

多數情況下，答案總是「可以」。當然，如果要我進行神經外科手術，我需要對自己的能力充滿信心，才能開始工作。但實際上，在日常生活中，我總是帶著自我懷疑去健身房、經營事業、撰寫這本書，我並不需要對自信心十足才能開始做這些事情。

我可以先起個頭，即使開始時不太順也無妨。我不需要像阿諾史瓦辛格那般成為健美運動員，才能健身一個小時；我也不需要讓自己最初的經營策略宛如出自高瞻遠矚的創業天才；而且我肯定不需要讓自己的初稿就是一部大師傑作。

在嘗試新事物時，如果你認為有信心才可以開始行動，那麼這個想法本身就是一個障礙。解決辦法是什麼？放手去做就對了，即使你覺得自己會做得很糟糕也沒關係。

放手開始吧。在你必須追求完美之前，時間還多得很呢。

放手開始吧。在你必須追求完美之前，時間還多得很呢。

克服恐懼

當舞臺燈光照亮全場，愛黛兒意識到自己的手心已被汗水浸濕。她即將面對成千上萬的觀眾。她以前也這樣做過幾次，但這一次她竟莫名感到害怕。在眾多觀眾面前表演的恐懼，幾乎將她吞噬。

在愛黛兒成為全球偶像之前，她是一位才華橫溢的藝術家，一直在努力克服對表演的恐懼。在某次演唱會上，當焦慮情緒到了威脅她演出事業的地步時，她偶然發現了一種克服恐懼的方法，永遠改變了她的人生。

愛黛兒從碧昂絲那裡獲得了靈感。二〇〇八年，碧昂絲以莎夏．菲爾斯（Sasha Fierce）做為第三張錄音室專輯《雙面碧昂絲》的靈感來源。碧昂絲說，莎夏．菲爾斯是一個讓她可以站上舞臺後變得更自信、更強大、更大放異彩的角色。「莎夏．菲爾斯有著幽默、感性、激進、直言不諱的一面。當我站上舞臺，準備高歌，她就會展現迷人的一面。」她說。

受到碧昂絲的啟發，愛黛兒創造了自己的另一個分身，莎莎．卡特（Sasha Carter）：莎夏．菲爾斯與傳奇鄉村歌手瓊恩．卡特（June Carter）的合體。莎莎．卡特具備了愛黛兒希望在舞臺上追求的一切特質：無畏、大膽、散發自信的光芒。透過莎莎．卡特，她能夠從心理上遠離恐懼，成為她夢寐以求、充滿自信的表演者。

愛黛兒的分身顯示了我們最終可以擺脫恐懼帶來的影響。拖延症最常見的原因之一就是害怕被人看到，無論是在網路上與陌生人分享我們製作的新影片，還是去參加一個我們誰都不認識的聚會，害怕被人看到或「發現」我們的真實面目，讓我們無法在舒適圈之外成長。

不過，雖然我們害怕別人注意到我們的錯誤、小失誤、糟糕的人格特質，但通常他人並不十分在意。當我們審視自己時，這些事情似乎比真正狀況被放大許多、比實際情況要嚴重得多。

這時就需要依靠最終極的方法來克服恐懼的影響。在本章中，我們已經討論過了解自身的恐懼並減少它們的影響，但是這些方法還不夠對付最艱巨的任務：當我們無法根除所有的恐懼時，我們要如何克服它們的挑戰？

這意味著我們要找到一種從恐懼走向勇氣的方法，而這就必須改變對你生命最重要的那個人如何看待你，而那個人就是：你自己。

實踐法5 停止聚焦在自己身上

對我來說，這個過程始於朋友傑克的晚餐聚會。那是一個熱鬧的週六晚上，聚會在傑克家舉行，房子裡充滿了歡聲笑語和熱烈交談。傑克為這場聚會已經籌劃了幾個星期，這可是一件大事，在座的每個人都知道他每天都靠Uber Eats過活，為朋友們烹飪簡直是破天荒。

我心想，這真是個開他玩笑的大好機會。在傑克準備上菜時，我急切地等待著談話的空檔。當他把精美的餐點端上桌時，我找到了機會。「謝謝你在Uber Eats訂了這麼多美味佳餚，傑克。」我說。

接下來是短暫的沉默。在座的人緘默不語，沒有人覺得好笑。接著，大夥開動，耳邊傳來刀叉與餐盤碰撞的聲響。我的臉漲得通紅，突然覺得很熱。我的玩笑並不順利，一點都不好笑，更糟糕的是，我可能冒犯了主人。他可是在廚房裡忙了好一陣子。

傍晚時分，我仍然因為尷尬而癱坐在地，我向朋友凱薩琳發了牢騷。我問她，我是不是徹底羞辱了自己？朋友是不是一下子全都與我疏遠？大概再也沒有人會邀請我參加飯局了吧？她驚訝地看著我，甚至沒有意識到我剛剛說了一個笑話。「我正忙著吃呢，」她說。「他的廚藝出奇的好，不是嗎？」

想像中的難堪給我上了深刻的一課。我高估了別人對我行為的關注和批判程度。隨著當晚的活動繼續進行，我環顧四周意識到，這個世界並未關注我的一舉一動。每個人都忙於他們各自的焦點、歡笑和談話。

我陷入被稱為「聚光燈效應」（spotlight effect）的有趣現象。我們總是高度關注別人對我們的看法，這很有道理，畢竟做為社交生物，人類的杏仁核一般都在忙著尋找對自身地位造成威脅的事物。但這也意味著，我們終其一生總認為聚光燈向來對著自己，周圍的每個人都在不斷地審視、分析我們的行為，並對我們身為人的價值做出評斷。

二〇〇〇年初發表的一系列論文中，心理學教授湯瑪斯・吉洛維奇（Thomas Gilovich）和他的合著者一次又一次證明，人們顯然傾向高估他人對自己的看法或評價的顯著傾向。「人們經常感到焦慮，擔心自身行為和外表的微小細節會給他人留下什麼印象，」他寫道。「但有些焦慮可能子虛烏有。我們外貌或行為表現的許多細節，實際上並未如我們想像中那麼受到對方的關注。」

事實上，每個人最關心的是自己，以及自己的形象如何。他們不會花太多時間想著我們（或許根本沒有花時間）。這說明只要簡單地提醒自己，沒有人會在乎我們，就可以減少聚光燈效應。而當恐懼阻礙了你去做某件事時，這個方法可以讓你放開去做。

- 沒有人會在意我的前幾個YouTube影片是否糟糕、令人尷尬。
- 沒有人會在意我撰寫的部落格文章是否不夠嚴謹，因為我沒有太多的寫作經驗。
- 沒有人會在意我出現在這堂騷沙舞的課堂上，卻是個沒有舞伴的初學者。
- 沒有人會在意當我參加這個派對時，我的皮帶和鞋子不搭。

「無人聞問」的心態可以徹底改變一切。這是我發現最簡單的方法之一，能夠降低與焦慮相關的拖延症。

注意，這不是靈丹妙藥。我們一生都得努力應付內在的恐懼。我不指望讀完這本書後，你對別人會怎麼看你和你的表現，從此不再恐懼。

一定程度的恐懼是健康的，但是若超過某種程度，就會讓我們什麼也做不了。了解聚光燈效應意味著你現在就可以開始行動。除了你自己，沒有人會在意你的表現是否一蹋糊塗。

實踐法6 觸發你的蝙蝠俠效應

有時，光是記住沒有人在意我們，仍不足以克服我們面對群眾的恐懼。當愛黛兒走上舞臺時，依然會怯場，因為坦白說，確實有很多人在乎她。

在這些時刻，我們可以借鏡愛黛兒進入另一個分身莎莎．卡特的方法，當成克服恐懼的有力工具。這個方法甚至還有一個有趣的科學名稱：「蝙蝠俠效應」（Batman effect）。

蝙蝠俠效應最早是由賓州大學的瑞秋．懷特（Rachel White）教授領導的研究小組所發現。懷特和她的團隊很好奇，帶出另一個自我分身是否能幫助兒童面對挑戰。他們設計了一項研究，讓一群四到六歲的孩子參與其中，交給他們一項任務，要求他們集中注意力，抗拒身旁某個有趣活動的誘惑。

孩子們被分為三組。第一組沒有得到具體指示，第二組被要求反思自己的感受和想法，而第三組則被要求把自己想像成一個超級英雄或他們崇拜的其他角色，例如蝙蝠俠或愛探險的朵拉。然後，觀察孩子們嘗試完成任務的過程。

這些研究人員偶然發現了一個有趣的現象。那些被要求把自己想像成超級英雄或其他角色的兒童，比起其他兩組，展現出絕佳的自我控制能力、專注力和毅力。

這一發現指出，蝙蝠俠效應不但能成為克服害怕失敗的有力工具，還可以用來克服拖延症。當我們扮演無所畏懼、充滿自信的分身時，就能激發我們之前自認欠缺的勇敢、堅決等特質。

多年來，我一直利用蝙蝠俠效應來克服不安全感。我發現在公開場合演講時，這個做法對我特別有用。我經常飽受不安全感和自我懷疑的困擾，儘管我已經授課和演講多年，有時仍不免會感到害怕。此時我會召喚另一個自我，讓《X戰警》中由詹姆斯・麥艾維（James McAvoy）所飾演的年輕X教授出場。

觸發我成為X教授的方式是在我戴上無度數眼鏡的那一刻。即使我已經做過了雷射眼科手術，在很多公共場合還是會戴眼鏡。這是因為我需要藉由成為另一個專業知識份子的分身，來克服在演講時經常出現的「冒牌者症候群」（imposter syndrome）。

當然，你不一定是X教授的狂熱粉絲，也可以利用這種方法來消除恐懼。想一想由於自我懷疑，你一直無法完成的事：培養某個新嗜好、或者開創副業。現在，替你找一個可以毫不費力做到這一點的分身。這個分身展現了你想擁有的特質，比如自信、勇敢、果決，甚或紀律（請容我大膽許願）。

接下來，進入你的分身。找一個安靜的獨處空間，花點時間想像自己變成另一個「你」。想像自己採取他們的姿態、聲音和心態。你練習得越多，就越容易發揮蝙蝠俠效應，在你需要時，克服恐懼或拖延症。

最後，建立一個口號或一句簡短有力的信心喊話，來代表分身擁有的心態。當你需要勇氣或動力的時候，重複這個信心喊話。

我充滿自信。

我無所畏懼。

我勢不可擋。

這些口號可能聽起來很俗氣，但卻是非常有效。每一句都在提醒，我們（或我們的分身）擁有自己難以想像的力量。

重點回顧

- 我們的第二個情緒障礙更加棘手：恐懼。如果你曾經逃避應徵一份令你自認高不可攀的工作，或放棄邀請心儀的人約會，那麼你遭遇的就是這隻特別難纏的怪物。解決方法並不是擺脫恐懼，而是培養面對恐懼的勇氣。
- 這種勇氣來自三個方面。第一是了解自己的恐懼。問問自己為什麼還沒有開始某項事務或計畫？自己在害怕什麼？這種恐懼來自哪裡？
- 第二是減少恐懼。我們的恐懼往往被過度放大。自問以下問題，以免陷入災難性思考：10分鐘後，這件事還重要嗎？10週後，這件事還重要嗎？10年後，這件事還重要嗎？
- 第三是克服恐懼。如果你害怕別人會怎麼看，請提醒自己，事實上大多數人並不會一直想著你。人類能自我察覺，但通常不會對他人吹毛求疵。

6 解構慣性

一六八四年，艾薩克．牛頓開始他迄今為止最雄心勃勃的工作。在接下來的十八個月裡，他通宵達旦地工作，廢寢忘食完成了巨著：《自然哲學的數學原理》（*Philosophiae Naturalis Principia Mathematica*）。

當這本巨著於一六八七年七月出版時，它成為科學史上首度試圖解釋物體如何在空間裡運動的創舉。其核心是一個簡單的觀察，簡潔地概括了牛頓第一運動定律，也就是人們常說的慣性定律：「靜者恆靜，動者恆動，除非受到外力作用，才會打破平衡。」

換句話說，如果一個物體是靜止的，它就會保持靜止；如果物體在運動，它將會繼續運動，除非另一種力（如重力或空氣阻力）改變了它的運動狀態。

牛頓去世四十年後，當代人意識到《自然哲學的數學原理》堪稱有史以來描述自然間宇宙物理特性的偉大傑作，但他們沒有想到的是，牛頓第一運動定律也同樣描述了人類的行為。意思就是：慣性定律既適用於物理學，也適用於生產力。

目前為止，我們遇到了令人沮喪、加劇拖延症的兩大障礙：讓我們不知從何起頭的不確定性，以及讓我們焦慮不安、不敢起步的恐懼。不過，第三個障礙恐怕才是最難纏的對手，那就是慣性（inertia）。

正如牛頓提出的，起步所需的能量遠遠大於繼續前進所需的能量。當你停在原地，就很容易繼續停留原地，什麼都不做。而一旦你開始行動，持續做下去就容易得多。當你自認已經竭盡所能來激勵自己，卻還是一拖再拖，這表示你還需要臨門一腳來幫你起頭。

慣性使我們處於情緒低落的狀態，讓我們感到無助和困頓，消磨我們的愉悅感覺。不過，慣性是可以克服的，我喜歡把慣性原理想像成是一道山峰。試想，你正打算騎車衝下山。你戴好頭盔，齒輪上好油，迫不及待要起步，唯一的問題是：你需要先騎一段上坡路，才能騎車下坡。你需要爆發出巨大的能量才能越過山峰，但大量消耗的體力可不是件令人愉快的事情。

不過一旦你克服了難關，就可以騎車下山、讓風拂過髮梢，而這段下坡滑行將帶給你前所未有的愉悅感受。

減少阻力

那麼，我們該如何跨越這道山峰？第一種方法就是環顧四周，試圖找出是什麼原因導致起步如此困難。你可能會發現，只需對環境做一些小調整就能改變一切。為了說明，我們要求教於瑪琳・惠廷克（Marlijn Huitink），她負責帶領荷蘭一項關於買

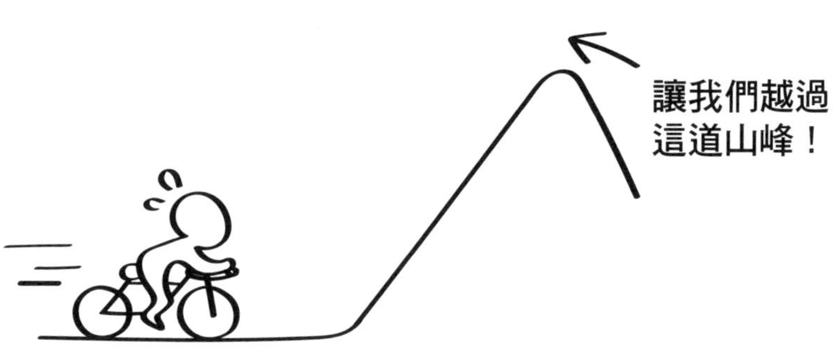

蔬菜的心理學研究。

惠廷克和她的團隊接受一家連鎖超市和幾個公共衛生機構委託，想出一些不必花大錢的方法來改善人們的健康。為此，他們開發了一種簡單的方法，以了解環境如何影響我們的購物決策。研究人員在一週中挑出幾天（實驗組），為購物車鋪上綠色蓋布，蓋住購物車底部的一半。這表示購物者可以把蔬菜放在這個空間。

蓋布上另外印有一條訊息，告訴購物者超市裡其他消費者的購買行為。其中一條寫道，本超市最受歡迎的三種蔬菜是黃瓜、酪梨和甜椒。另一條寫道，大多數顧客至少購買七種蔬菜。在一週中的其他日子（對照組），研究人員去掉了綠色蓋布。

研究人員希望測試這些低成本的環境微調做法（如購物車中的綠色蓋布和訊息）是否會改變購物者的消費行為。事實上這麼做的確有效。購物車有綠色蓋布的購物者，比起沒有蓋布的人，平均多買了百分之五十以上的蔬菜。

這些小變化可以減少開始做一件事所需耗費的能量，能消除我們邁向目標時所面臨的摩擦力。如果不斷有人提醒你去買蔬菜，那麼記住買蔬菜所需耗費的精力就會大大減少；如果告訴你哪些蔬菜在街坊鄰里最受歡迎，那麼你在選擇蔬菜時就毋須傷透腦筋了。

實踐法1 調整環境中的預設選項

使我們疏於行動的摩擦力就存在於環境之中。即使我們知道自己真的必須採取行動，所處環境依然帶來不必要的阻力，令我們難以起步。

回到二〇一八年，那時我還是全職醫生，雖然我想要養成晚上練吉他的習慣，但我卻陷入掙扎。我偶爾會想，「也許該拿起吉他練習」，但最後我總是會設法拖延。我坐在客廳的沙發上，用手機瀏覽社群媒體或看電視。我的吉他藏在房間角落的書架後面，以至於我幾乎看不到它。直到讀了詹姆斯・克利爾（James Clear）的《原子習慣》，我才意識到一個顯而易見的解決方法：把吉他放在客廳中間。突然之間，拿起吉他就變得容易多了。

我們可以將這樣的做法（或荷蘭購物研究提到的小改變）視為對環境進行改造工程，而目標就是減少摩擦力，讓事情變得更容易上手。

特別需要留意的是，我們需要聚焦在行為科學家所謂的預設選項（default choices）。這個選項會在你不主動做出選擇時，自動成為你的選擇。在荷蘭購物者的案例中，展示出新鮮農產品的綠色蓋布，能使蔬菜成為預設選項，使人毋須考慮再三，就可以在購物車裡裝滿新鮮的綠色蔬菜。

這個方法該怎麼實踐？訣竅在於調整環境，把想做的事情擺在最明顯的預設位置。反過來，讓你不想做的事情成為更困難的決定。舉幾個例子：

- 練習吉他：將吉他放在客廳，讓它成為你的預設選項。現在，每當你暫停工作、短暫休息時，你就會不假思索地拿起吉他彈奏。
- 難以專注：將課業或工作的資料整理得有條不紊，擺在清晰可見的位置，例如，把筆記本放在筆電旁，讓讀書成為預設選項。現在，只要在桌前坐下，很自然就開始複習功課。

- 減少手機使用：關閉通知，可避免「拿起手機」成為預設選項，讓人不再理所當然地查看手機。

調整環境能幫助你作出正確的選擇，讓你去做真正想做的事情，而不是不假思索地作出錯誤的決定。

實踐法2 想著只要做五分鐘就好

當然，除了你所處的環境會讓你難以開始做一件事之外，你的情緒也會。目前為止，我們針對情緒造成的巨大阻礙已經談了不少，像是情況模糊不清帶來的困惑之感，或是擔憂具體要做哪些事情的焦慮之情，而這些阻礙往往令人神經緊繃、無法起步。不過，還有一個更不起眼的阻礙，在英國常被稱為CBA（can't be arsed），意思是「懶得去做」。

懶得做是最常見，也最容易使人無所作為的障礙，但我們可以用一種深具智慧、歷史悠久的生產力妙招來應對，那就是：「五分鐘法則」。

五分鐘法則簡潔有力，鼓勵你只需花五分鐘在一項事務上，而背後的理念是邁出第一步往往是開始做一件事最具挑戰性的部分。在這五分鐘裡，你要全神貫注於你所逃避的事情，而五分鐘一到，你就可以決定是否繼續做還是休息一下。

根據我的經驗，五分鐘法則非常有效。通常，如果有一件事情你老是拖延不做，只要在心裡想著做五分鐘就好，就不會覺得好像要全心投入那麼可怕；特別是當「全心投入」會讓你感覺好似「這輩子都要做這件事」的時候。

五分鐘任務結束後，約有百分之八十的機率，我會選擇繼續下去。一旦我開始填寫表格，聆聽《魔戒》電影原聲帶中弦樂四重奏的〈哈比人〉（Concerning Hobbits），我會開始享受工作的樂趣，或至少意識到這並不像我想像的那麼糟糕。

最重要的是，不要強迫自己繼續，否則五分鐘法則將無法發揮實際功效。因此，在剩下的百分之二十時間裡，我會讓自己在五分鐘後停下來。的確，這可能意味著我會把報稅延遲到另一天完成，但至少我在這件事上取得了五分鐘的進展。

事實上，我允許自己停下來，這意味著我並沒有完全欺騙自己。如果我告訴自己只要做五分鐘，然後又覺得必須繼續下去，那麼這五分鐘法則就會失去魔力。

採取行動

麥特．莫查里（Matt Mochary）的客戶名單堪稱一部矽谷名人錄。投資公司 Y Combinator 的管理合夥人和 OpenAI 等企業巨頭的執行長，紛紛向他請益如何發揮自身潛力；Reddit 執行長史帝夫．赫夫曼（Steve Huffman）更是盛讚莫查里為他的公司增加了十億美元產值。

儘管我已經找了自己的企業教練好幾年，我還是會好奇，和莫查里進行教練教育課程（價格不知道會不會貴得離譜）會是什麼模樣。短短幾堂課如何替企業增加十億美元的產值？這些課程提供了哪些點石成金的神奇建議？

我原以為答案應該會是某個深具啟發性的天大祕訣，因此，當我聽完他與我最喜歡的播客提姆・費里斯（Tim Ferriss）的訪談後，我感到有些吃驚。「很多人問我：『麥特，你有什麼獨到之處？』」他說。「我很難回答這個問題，因為我覺得我做的事再簡單不過……就只有兩三個行動，就這樣。」

「就這樣？」我心想。只要「兩三個行動」就足以扭轉一個企業的局面？然後，我反思了自己的生活。很多時候，事情無法按計畫進行，原因在於我沒有一套清楚、簡單的步驟可以遵循，因此才會產生慣性，造成拖延。

莫查里把他的原則稱為「崇尚行動」（bias to action）。與客戶共處的時間很寶貴（對他和客戶而言都是如此），但只是深思而不將其轉化為可行的步驟，將是一種浪費。我們需要採取明確、具體的步驟，而不是遙遠、抽象的目標。否則，我們可能會一事無成。

崇尚行動是克服慣性的第二種方法。我們已經談過如何減少起步所需的能量，現在你需要邁出實際的第一步。為了知道怎麼做，我們將求助於提姆．派丘（Tim Pychyl）博士。

實踐法3 採取下一步行動

派丘比任何人都更了解拖延症。二十年來，他發表了超過二十五篇相關論文，他在加拿大卡爾頓大學的「拖延症研究小組」揭示了我們之所以拖延的原因，其科學見解在全球深具影響力，而他個人也深受其惠。「我幾乎從不拖延，」他告訴我，「我是一個典型的例子，一旦你了解一些關於拖延的知識並願意去做，就能減少拖延，只要你願意去做。」

「有什麼訣竅嗎？能不能給人們一點建議，幫助他們克服拖延症？」我向他請教。他的回答出人意料。派丘告訴我，每當他發現自己犯了拖延症的毛病，就會問自己：「下一步行動是什麼？」例如，當他知道自己不想做瑜伽，他的下一步行動就是鋪開瑜伽墊，站上去。就是這樣。

這種方法聽起來很簡單，卻十分有效。派丘這麼做，可以把抽象的行動意圖轉化為具體的下一步。試想，面對下列不同的情況，該如何因應：

- 如果你需要準備考試，卻陷入拖延，下一步行動就是拿出課本，翻到你要開始讀的那一頁。
- 如果你要去健身房，卻開始拖延，下一步行動就是換上健身服裝。
- 如果你需要寫書，卻陷入拖延，下一步行動就是打開你的筆電，開啟Google文件。

不論何種情況，這個方法都能讓我們把目光從令人生畏的長期大目標（寫一本書），集中到更容易實現的小目標（寫下幾個字）。誠如派丘所描述，透過「一層自我欺騙」，有助於平復我們緊張的情緒。雖然最終，你還是要參加考試、踏上跑步機、寫書，但你此刻不必擔心這些。

實踐法4 追蹤自己的進度

身為全球最暢銷的奇幻小說家，布蘭登・山德森（Brandon Sanderson）似乎不像是個會遭遇寫作瓶頸的人。山德森從小酷愛閱讀，中學時，他便開始撰寫奇幻故事，從此筆耕不輟。直至二〇〇三年，山德森已經寫了十二部小說（大部分是在飯店前臺值夜班時所寫）。之後，他獲得了第一份出版合約。從那時開始，他出版了超過十六部小說、十部短篇小說和三部圖文小說。

因此，當我得知山德森也會遭遇寫作瓶頸，而且經常碰到時，我感到十分驚訝。「對我來說，寫作瓶頸就是寫了幾章後，故事寫不下去，或是寫到一半，卻搞不定某個章節。」他說。「每次遇到這種情況，我總是想要停筆。」

怎麼辦呢？他知道最糟糕的做法就是停下來，等到有靈感時再寫，因為這麼一來，他往往就不會寫下去了。相反地，他會追蹤自己的寫作進度。無論有沒有寫作瓶頸，山德森都會追蹤寫作字數，每天至少寫兩千字才會停筆。然後，他會將字數從兩千字往上加到四千字，再到六千字，甚至更多。

布蘭登・山德森的奇幻小說往往長達四十萬字。然而，透過專注於目標的不斷進展，山德森的這段旅程走得輕鬆自如。成果就是：他總能如期推出小說，不讓全球數百萬忠實讀者失望。

這種進度追蹤能產生深遠的影響。二〇一六年，研究人員針對一百三十八項研究與近兩萬名受試者進行統合分析。他們發現，只要追蹤進度，無論是寫下階段目標（比如是否完成預定的培訓課程），還是寫下成果目標（比如你的五公里跑步時間），都會顯著增加最終達到目標的機會。

為什麼？首先，因為追蹤進度能夠發現可能落後或需要調整的地方，藉此找出也許阻礙你進步的模式、習慣或障礙。在本書的寫作過程中，我逐漸意識到需要調整截稿期限：有些章節輕易能夠達到我設定的字數，而有些章節則沒那麼容易。其次，追蹤進度可以在你達到預定的目標（不論大小）時，給自己一個獎勵。例如，每當我完成八千字的進度時，我都會犒賞自己，前往倫敦我最喜歡的印度餐廳飽餐一頓。

最重要的是，追蹤進度可以為你提供具體可見的證據，證明你正朝著目標前進。當我看到稿子一個字一個字地增加，我知道距離完成一本書的手稿越來越近。這種進步感幫助我保持寫作動力，讓我更加堅定地撐下去，可以說是一種非比尋常的激勵。

你不需要寫一本書，也可以讓這個方法派上用場。事實上，我們可以在生活各方面加以應用。

如果你的目標是讓身體更健康，可以記下鍛鍊日誌，內容包括運動的類型、時間以及鍛鍊過程中的感受。這將有助於你了解自己隨著時間過去，你的力量和耐力如何提高。

如果你打算學習一項新技能，可以寫學習日記來追蹤進度。你可以記錄學習內容、過程遇到的問題，以及任何突破或「靈光乍現」的時刻。這不只能提高你的學習動機，還能幫助你更加了解自己的不足之處。

如果你正在準備考試，可以畫長條圖，並依顏色分類來追蹤你的進度，了解每一科的學習狀況，進而知道距離完成複習還有多遠。無論你面對的事務看起來多麼艱巨，這都能提醒你，你始終朝著正確的方向前進。

追蹤進度可以為你提供具體可見的證據，證明你正朝著目標前進。

支持自己

這本書寫到這裡，你可能發現，很多與慣性有關的建議都是關於一開始。我們探討了在你開始行動時，如何避免拖延症，無論是運用第一步行動或減少摩擦力的。不過，關於如何長期避開拖延症，我卻相對少有著墨。

我知道你想問什麼。我一生中花了大把時間在讓各種計畫有個好的開始，然而，每當我以為自己已經克服了慣性的問題，卻總會發現自己很快就失去了動力。證據之一就是這本書。在我寫作的頭兩個月裡我寫了三萬字，但在接下來的十二個月裡，我只寫了一萬字。

這就是為什麼克服慣性的最終方法，不是關於如何起步，而是關於後來出現的拖延問題，導致你取得的良好進展轉變為停滯不前的泥沼。在這種情況下，你需要其他方法來保持動力。

解決的辦法就是學會支持自己。這聽起來似乎很模糊，但在解決拖延症的問題上，它的含意非常具體。你的目標是在努力實現目標的過程中找到鼓勵自己的方法，最重要的是，要在前進的過程中對自己負責。讓我們從一個簡單卻非常有效的工具開始說起：找一個責任夥伴。

實踐法5 找一個責任夥伴

Reddit社群網站中，「結交有動力的夥伴」（r/GetMotivatedBuddies）群組內有超過十七萬九千名成員彼此配對，「為健康、健身、學習、工作和養成好習慣」尋找志同道合的夥伴。藉由連結夥伴們的力量，互相鼓勵去健身房、練習吉他，準備考試和學習寫程式，或是按時睡覺、記得打電話給媽媽。

這些人注意到，人類的動力有一個耐人尋味的特點：獨自開始做一件事要比共同開始做一件事困難得多。當我們找到夥伴讓我們負起責任時，就更有可能克服慣性。

從某種程度上來說，這是由於人的激勵作用（我們在第3章中提到過）。人們會增強我們的正向情緒，讓我們想要起身行動。畢竟有朋友在身邊，生活會更美好。

不過，責任夥伴還有一個更強大的影響：能將我們的責任感化為武器。人類是社會性動物，我們急切地不想讓彼此失望。如果只有你一個人，你可以藉口跳過一堂健身課，但是當朋友一大早守候在你的家門外，惱怒地看著錶，你很難不去健身房。

責任夥伴制只是將「人是社會性動物」這一基本事實，轉化為一套正式機制。你和另一個人共同約定在一定時間內，為約定好的事務向對方負責。也許是讓健身房友人在早上六點敲你的房門，或是讓朋友在規定的時間打電話給你，確保你是真的在複習功課；或者，同意讓人到你家查看，你是否學會了那首你答應要花一星期練習的吉他曲。不論何種情況，你都能利用你的社會責任感來克服慣性。

建立這種責任夥伴制的最佳方式是什麼？通常我會把這一過程分為三個階段。首先，找到夥伴。理想的對象是有共同觀點的人，這意味著你的朋友就是絕佳的起點。不過，一般來說，最佳夥伴通常會是那些與你擁有相同目標的陌生人。當你找到與自己有相同渴求的夥伴時，不論目標是每週去健身房三次或一起學習彈奏吉他，你不只有人可以讓你負起責任，這個人還會理解你的煩惱，並欣賞你的成功。而且在整個過程中，你甚至可能交到一個新朋友。

一旦找到了好夥伴，接下來就是商定你們想要建立的**當責文化**（accountability culture）。好友的舉動對你是鍥而不捨的助力，還是令人惱火的干擾，兩者之間的界限非常細微。因此，你們需要商定一些基本規則。正向的問責方式是什麼？你們期待多高的溝通頻率？他怎麼做對你最有幫助？我發現，最好的責任夥伴要符合五個標準：**有紀律**（他必須堅持你已經同意的事情）、**帶來挑戰性**（他知道幫助你進入下一個階段意味著什麼）、**有耐心**

（他不會匆忙下結論，也不會催促你做決定）、提供支持（他會在身邊鼓勵你）和具有建設性（他必須知道如何給你誠實的回饋和建設性的批評）。

最後，你們需要再詳細討論一下問責程序。夥伴要如何讓你負起責任，反之亦然？具體來說，他要在什麼時候做什麼事情？對有些人來說，負起責任可能意味著每週見一兩次面，查看狀況；或者是每天發送訊息或視訊，看看彼此的計畫進展如何；也可能你們只是每個月喝杯咖啡，看看是否進展順利、有無問題。他們實際做了什麼並不是那麼重要，最重要的是，他們同意在商定的時間內始終如一地執行。

如果方法得當，責任夥伴可以發揮溫和的同伴壓力，產生強大的效果。現在，有人分享你的勝利，也有人哀悼你的痛苦。這樣一來，你就會在你說要起床的時候，說到做到。

實踐法6 原諒自己沒做到

二〇一〇年，卡爾頓大學心理學家邁克．沃爾（Michael Wohl）注意到他大一新生某個不足為奇的狀況：他們喜歡拖延。

儘管渥太華這個城市向來以「沉悶得要命」著稱（或許有失公允），但沃爾的學生們發現，在這座城市裡，除了學習之外，還有數不盡的事情可以做：泡酒吧、參加社團、在社群上貼文。雖然他們不懂心理學，但他們對拖延症可一點都不陌生。

但拖延本身並不是問題所在，沃爾認為，問題在於自責。沃爾發現，他的學生會把自己批得體無完膚，創造出破壞生產力的負面迴圈。每當考試考不好，學生們會花上幾天，責備自己是壞學生。這種羞恥感讓他們未來更不可能好好學習。

沃爾決定驗證一個假設：「自暴自棄」是比「拖延症」更嚴重的問題。在期中考前前，他讓學生們評定自己在多大程度上原諒自己不夠用心讀書。

自我原諒程度較高的學生，成績是否優於那些經常糾結於失敗的學生的成績更好？

結果顯而易見。正如沃爾猜測的，那些能夠原諒自己不夠用心學習的學生，成績表現要好得多。沃爾在一篇名為〈我原諒了自己，現在我可以讀書了〉（I forgive myself, now I can study）的文章中寫道：「自我原諒讓學生們放下了拖延後的內疚和羞愧。他們得以跨越過去的不良行為，專注於即將到來的考試，不用背負過去行為的包袱。」

沃爾偶然發現了慣性是讓我們脫軌的最後一種方式。當我們無法在某件事務中保持動力時，往往會自暴自棄。但這對誰都沒有幫助，它只會讓事情變得更糟。慣性會讓我們感到自我厭惡，使我們更不可能去做任何能帶來成果事情。

有沒有辦法打破這種厄運迴圈？正如沃爾和他的同事們所發現的，原諒自己正是解脫之道。但要怎麼做？我最喜歡的方法，稱為「找到勝利」。它包括慶祝一些事情，無論這件事多麼微小，無論與你想做的事有多大關連。我喜歡使用這樣的句型：「我沒有做到X，但我做到了Y。」舉例來說：

- 「我今天早上沒有去健身，但我在床上多睡了一個小時。我感覺比平時更有精神。」
- 「我沒有完成報告的最後一部分，但這是有原因的。我和同事在茶水間聊了一會兒，我們聊得很開心。」
- 「我今天沒有投履歷出去，但我花了時間陪伴祖母，這就是今天的勝利。」

拖延症並不總是在我們的掌控之中，但我們可以原諒自己。你可以專注於小小的損失；或者，你也可以慶祝小小的勝利。我們難免傾向拖延，接受這點並原諒自己，同時慶祝微小的勝利，我們就能開始戰勝它對我們的控制。

你可以專注於小小的失敗；或者，你也可以慶祝小小的勝利。

重點回顧

- 第三個情緒阻礙最常見，那就是慣性。科學表明，當你停在原地，就很容易繼續停留，什麼都不做。而一旦你開始行動，持續行動就容易得多。
- 有一些簡單的方法可以克服慣性。首先，找出生活中阻礙你開始行動的摩擦力，並思考如何加以擺脫。
- 無所作為的解藥就是做點什麼。你可以先確定下一步行動，再追蹤你的進展，這樣你身邊就會有具體可見的證據，證明你正朝著目標前進。
- 最後一個步驟最為和善：建立能幫助你支持自我的長期系統。最重要的是，放自己一馬，並慶祝微小的勝利。

第3部

續航

Sustain

消除倦怠，享受複利效應

7 省力的活法

說起「過勞」，人們腦海中免不了出現一些景象，也許是一個投資銀行家在曼哈頓的高樓裡一連工作十八小時，或是全職父母為了餵飽五張饑餓的小嘴，而身兼七份工作。

所以，當我發現自己在二〇二〇年的平安夜，面部朝下，癱軟在沙發上，告訴母親我支撐不下去時，我感到既難過又困惑。

這時的我，離開醫學院已經三年，距離那次災難性的聖誕夜值班也已有兩年。為了專注於事業，我選擇暫停行醫則有幾個月了。這光輝的幾個月卻堆疊出這個結果：我在耶誕節前一晚與母親視訊，對生活唉嘆連連。

此時，我把所有的注意力都放在公司的經營。我有了自己夢寐以求的工作：管理一個小團隊，創造自己喜歡的東西。事情本該進展順利，但不知何故，卻事與願違。

儘管我的事業帶來的金錢效益比起我當醫生時賺得還多，但我仍覺得心力交瘁。幾個月來，我越來越難激勵自己、維持動力。曾經令我感到超級愉快的工作，如今卻開始像是件苦差事。因為我提不起勁，連帶使我的工作也受到影響。

這究竟是怎麼回事？我曾經熱愛我的工作，但現在我光是想到這件事就覺得精疲力盡。

於是，我把這件事告訴了母親。起初，她說的話和我預想的一樣：「你應該繼續當醫生，阿里。」（她以前也這麼說過。）接著，她說了一些我意料之外的話：「在我看來，你正在經歷倦怠。」

我的第一個想法是：「不會吧。」倦怠的概念對我來說並不陌生，但我從沒想過這個詞會用在我身上。我不必拚命工作來維持生計，甚至不必趕在期限內完成某事。我有什麼權利感到倦怠？

但在接下來的幾分鐘裡，我聆聽母親（身為一位精神科醫生）解釋說，倦怠不只是指工作壓力過大的人，當工作不再有意義、不再令人愉悅、或難以處理時，任何人都可能出現倦怠。當你倦怠時會感到力不從心、失去動力。你覺得無論多麼努力，都無法跟上節奏。

掛斷電話後，我決定採納母親的建言，多了解一些這方面的事。前一年，我發現世界衛生組織（WHO）重新定義了倦怠，它不只是與工作過度有關的壓力症候群，更影響了我們日常生活其他方面。根據世界衛生組織的定義，倦怠是一種「職業現象」，其特徵是「感覺能量耗盡或精疲力竭；與工作的心理距離拉大，或對工作感到消極負面或憤世嫉俗；以及同時伴隨著專業效能降低。」最重要的是，它與你工作的時間長短無關，而是與你的感受有關。

於是，我頓悟了生產力是怎麼回事。幾年來，我注意到享受美好時光對完成工作的重要性。從當醫生的頭幾個月起，我就知道遊戲、自我賦權和關係能量這三者的愉悅效應。在創業的這些年裡，我越來越善於「疏理」自己，克服不確定性、恐懼和慣性這些曾讓我成為慢性拖延症人士的原因。

但現在，我意識到還漏了點什麼。當我在每天的生活中創造出更多樂趣，我能承擔的事情就更多；而我承擔得越多，就越接近跨越通往實際生產力的最後一道關卡：倦怠。如果我不能找到讓工作和生活持續下去的方法，那麼我所有關於愉悅生產力祕訣的研究都將白費。我已經掌握了生產力的基本要素，但還欠缺掌握永續生產力的方法。

於是，我開始閱讀許多相關文章。我讀得越多，就越意識到，有三種常見的倦怠會讓我們感覺更糟，進而導致倦怠的產生。儘管它們很容易相互混淆，但基本上三者並不相同。

首先，倦怠可能來自於承擔了太多的工作，使你的心情受到影響，疲於應付每天要做的事情，我稱之為過勞倦怠（overexertion burnouts）。

其次，倦怠也可能與錯誤的休息方式有關。你的情緒受到影響，是因為沒有給自己更深沉的休息，你不只需要一天中的短暫休息，你還需要更長的休息時段來為身心和精神充電。我把這種情況稱為消耗性倦怠（depletion burnouts）。

最後，倦怠也可能是因為你做的事情不對。你把心力投入不能帶給你快樂或意義的事情上，連著數週、數年甚至數十年，因而感到痛苦、心力交瘁。你一直把能量用錯地方。我把這種情況稱為錯位倦怠（misalignment burnouts）。

在與母親視訊之後，我發現自己正飽受著這三種倦怠的折磨。我做了太多事情，沒有好好休息；而且我為事業做的很多事情已不再帶給我意義。為此，我的心情受到了影響，我的生產力也是如此。

不過就在幾天後，我發現了一件更讓我振奮的事：這些問題，每個都有辦法可以解決。

過勞倦怠

我決定先把重心放在過度疲勞感。我意識到，一段時間以來，我接下了太多的事情。起初，我不知道該怎麼辦，畢竟，總不能就這樣放棄我的事業。但後來我看見了解決之道。

在母親面前崩潰之後不久，一次，我正在收聽費里斯採訪世界知名籃球員「詹皇」——勒布朗．詹姆斯（LeBron James）。我從來都不是籃球迷，但很快我發現自己著魔似的，在YouTube上觀看洛杉磯湖人隊的剪輯片段。隨著我了解得更深入，我偶然發現了一件有意思的事情：我看見了兩個不同版本的詹姆斯。

首先是衝刺型詹姆斯。他能在籃球場的一端拿到球後，在轉眼之間便來到對手的籃框邊。他以每小時十七英里的速度前進，堪稱NBA史上跑得最快的球員之一。

另一個則是漫遊型詹姆斯。當他不持球時，就會在球場上自在輕鬆地漫步。就算拿到球，他也不急著縱橫球場。當他能夠在十公尺之外投球，有什麼好急呢？

許多球評認為，這種反差解釋了詹姆斯得以在球壇上長青的原因。詹姆斯自二〇〇〇年代中期以來，一直在NBA占有一席之地。在籃球這個領域，運動員的巔峰期平均只有四年半，約莫每個賽季只能打五十場比賽，但詹姆斯十九年來，平均每個賽季卻打了七十多場比賽。

他是如何在長達數十年的時間裡保持其職業生涯的地位？答案似乎與那些場上的漫步有關。

體育分析師研究了詹姆斯和其他NBA球員場上和場下的大量資料，發現了同樣的問題。雖然詹姆斯的衝刺速度堪比在郊區行駛的汽車，但他卻是NBA平均移動速度最慢的球員之一。在二〇一八年的賽季中，他在場上的平均速度為每小時三點八五英里（差不多是步行速度）；在每場比賽至少上場二十分鐘的所有球員中，他的速度排在倒數第十位。例行賽期間，他有百分之七十四點四的時間在球場上漫步，這幾乎是聯盟中其他任何人都無法企及的。

意想不到的是，詹姆斯給了我第一個提示，教導我如何克服疲勞感。我發現，當我們做得太多、太快時，就會產生負面情緒，進而引發過勞倦怠。我們接下的工作超出了能力範圍，我們也沒有在工作之餘進行必要的休息。

我們一直在衝刺。

解決辦法是什麼？跟隨詹姆斯的腳步，節省你的精力。少做一點，才能發揮更多。

> **少做一點，才能發揮更多。**

少做一點

一九九七年，人們只想問賈伯斯一件事：OpenDoc到底怎麼了？在過去五年裡，蘋果公司的工程師們在軟體平臺上殫精竭慮，他們認為該軟體平臺將徹底改變使用者建立、共用和儲存檔案的方式。接著，賈伯斯回鍋擔任蘋果公司的執行長，他幾乎立刻砍掉了這個計畫。

當時，許多人認為賈伯斯犯了歷史性的失誤，但他直截了當說明他這麼做的原因：「人們認為專注意味著對你那些照理說應該專注的事情『說好』，但事實並非如此。它意味著你得對其他一百個好主意說不……創新就是對一千件事說不的決心。」

賈伯斯傳達的訊息很明確：「說不」與「說好」同樣重要。「事實上，我對我們沒有做的事情和我們做過的事情一樣自豪。」賈伯斯說。

這是一個正確的決定。在接下來的十年裡，蘋果公司不斷發展壯大，到了二〇一一年他去世時，蘋果已成為全球最有價值的上市公司。

這一教訓對我們其他人也很重要。下面的例子是否覺得熟悉？

- 朋友問你下週想不想一起吃晚飯，儘管那天有一個重要的截止期限，但你心想自己肯定到時會完成任務。到了當天，你的工作進度落後了很多，一時間走不開。
- 一位同事想在幾個月後安排一次無聊的會議。你現在肯定沒時間，但到那時你肯定能抽出時間，對吧？但沒想到才一眨眼，這個會議就近在眼前，完全破壞了你其他的時間安排。

- 朋友問你現在想不想一起玩你最喜歡的線上遊戲。此時你正忙著一項艱巨的任務，但距離最後期限還有幾個月。很自然地，你就開始玩起《魔獸世界》，一連六個小時。八週後，你無法在最後期限完成任務。

在這些情況中，我們都遇到了一個簡單的問題：過度承諾。這是我們走上過勞倦怠的開端，我們對當前的事情「來者不拒」，長遠來看，這些事情正是把我們拖垮的原因。

這不難理解。我們很容易過度承諾，但這並不意味著我們不能對它加以抵抗。

實踐法1 規劃能量投資組合

抵制過度承諾的第一步是，弄清楚自己的精力究竟去了哪裡。在說「不」之前，你需要弄清楚你想對什麼說「好」。

能量投資組合的概念很簡單。你只需列出兩份清單。清單A包含你所有夢想、希望和雄心。這些都是你想做的事情，只是可能並非現在完成。清單B是你的主動投資清單。這些是你現在正主動投入精力的事項。而我說的現在，是指本週。

我的能量投資組合是這樣：

A夢想、希望和雄心	B主動投資事項
學習中文	鍛鍊肌肉
學習騎摩托車	學習下廚
學習射箭	多打壁球

開休旅車橫跨美國	籌劃一次前往葡萄牙的假期
舉辦一次露營度假	
從事滑水旅行	
嘗試瑜伽	
學習衝浪	
前往峇里島潛水	
成為數位遊牧族	
鍛鍊六塊腹肌	

夢想清單可長可短，唯一的限制是想像力。主動投資清單則是我目前正在進行的一些個人計畫。我喜歡「投資」這個術語：把精力投資到計畫中，而報酬就是（希望如此）它帶來的價值。

主動投資清單應根據你有多少時間和精力可用於投資，這一點因人而異。我喜歡限制在五個事項左右，但如果你有年幼的孩子或工作繁忙，可能只需要三個主動投資事項。或限制在兩個，一個也行。無論如何，明智的做法是將主動投資事項保持在個位數。

如果你想將夢想納入主動投資清單中，需要確保自己有時間和精力去做這項投資。當你擁有太多選擇，得安排時間去完成，就很難在特定期限內全心投入到某件事情中。我們的大腦總是在想：「我現在正在做X，但也許我可以做Y，甚至是Z。」這是有風險的，如果你一邊裝修房子，一邊進行公司的一個計畫，同時還在努力學習日語、經營部落格，並擔任孩子足球隊的教練，這一切都會讓人的壓力爆表。

能量投資組合對於抵制過度承諾的誘惑很重要。我們往往自認為無所不能，但這是一個迷思。永續生產力意味著我們必須意識到時間有限。每個人都一樣。

實踐法2 兩種拒絕的好方法

我們都知道，即使知道「說不」的重要性，卻很難開口。要怎樣才能讓自己拒絕實際上沒有時間去做的事？

我喜歡來自作家兼音樂家德里克・西弗斯（Derek Sivers）提出的想法，他稱之為「當然可以，或乾脆不要」（hell yeah or no）。他的建議如下：當你在權衡是否接受一個新計畫或做出承諾時，你有兩個選擇，要麼「當然可以」，或「乾脆不要」，沒有中間選項。

有了這個篩選標準，你會發現百分之九十五的事情都應該拒絕。很少有「當然可以」的選項，它們通常伴隨「這可能會有用或很有趣，所以有何不可？」的想法，這些都是來自你大腦給出的理由，你需要推翻它們。試想，你已經有多少待辦事項了？所以，如果不是「當然可以」，就不值得去做。

第二種方法更簡單，只需稍微改變想法。它涉及經濟學家提到的機會成本（opportunity cost）。機會成本反映了這樣一個事實：我們說的每一個「好」

就等同「拒絕」把時間和精力用在其他事情。

假設同事請你幫忙負責一些額外的專案。如果你的目標是升職或加薪，而協助完成額外的專案是實現這一目標的途徑，那麼你可能會傾向說「好」。但這並不表示你要對所有事情來者不拒，你得提醒自己同時必須對什麼說「不」。也許你必須放棄和孩子在公園裡玩耍的時光？也許你必須拒絕和好久不見的朋友敘敘舊？或者，你必須拋下睡個好覺的機會？

最後，還有一種方法來自研究如何說「不」的全球頂尖專家茱麗葉・方特（Juliet Funt）。她是《財星》雜誌評選全美排名前五百大企業執行長和領導人的顧問，著有《留白工作法》（*A Minute to Think*），該書講述給自己留出思考空間是提高永續生產力的祕訣。當我為了撰寫這本書而採訪她時，我問她從研究中得到的哪個啟示，最為實用又可行。她告訴我一個威力十足的概念：六週陷阱（Six-Week Trap）。這裡的陷阱是指當你看著六週後的行事曆是空白時，心想「我完全可以對這件事說好」。但隨著時間逐漸倒數，六週之後的空白開始變得越來越滿。當期限到來這一天，你意識到自己真不應該答應這件事，但偏偏已經答應了，而你實在不想反悔讓別人失望。

她的解決辦法就是問自己一個簡單的問題。每當你接到一個請求，需要在幾個星期後處理，你先想一想：「如果明天就做這件事，我會感到興奮嗎？還是我想說『好』，只是因為現在這麼說比較輕鬆，卻忽略了會給未來的自己添麻煩？」

我們很容易會認為：「六週後，我的行程表完全空白，所以一定有時間和精力去做這件事」，但其實不然，六週後你的生活將和現在一樣忙碌。如果對方的請求換作隔天發生，而你不認為自己應該答應，那麼這件事就算是在一個月或更長時間後才做，你也不應該答應。

如果不是「當然可以」，就不值得去做。

抵抗分心

節省精力的下一個策略，是根據以下兩個洞見。第一個十分顯而易見：人類並不擅長多工處理。第二點我們較少察覺：我們之所以不擅長多工處理，原因可能和我們以為的不一樣。我從電腦科學家瑞秋．阿德勒（Rachel Adler）和拉克爾．班布南－菲奇（Raquel Benbunan-Fich）於二〇一二年的一項研究中，了解到這一點。他們倆設計了一項實驗，受試者必須在六項任務之間來回切換：數獨、拼圖、將一些字母拼成單字的挑戰、以及一些「找找誰不一樣」（odd- one-out）的專注力遊戲等。接下來，他們召集了一群受試者，分成兩組。在無須多工處理任務的小組中，受試者必須依次完成每項任務。也就是必須先完成數獨，再進行拼字。而在多工處理小組中，六個任務的標籤頁分別打開，受試者被告知他們可以點擊標籤，在六個任務之間切換。

結果出人意料。當然，那些不斷切換任務的人因為一直分心，表現最糟。但表現最好的，也不是那些一次只專注於一項任務的受試者。

研究人員以縱軸為「生產力」、橫軸為「任務切換次數」繪圖，他們得出一個上下顛倒的U形曲線。表現最好的是那些偶爾在不同任務之間切換、分心程度位於中段的受試者。

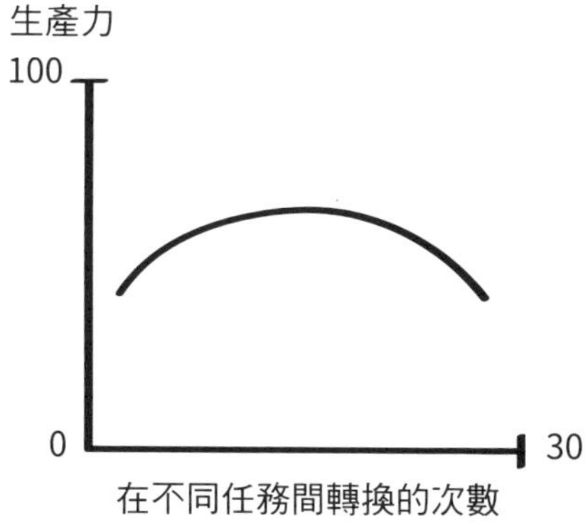

為什麼分心會有這種效果？一方面是因為，當我們過於頻繁地轉換注意力時，我們的能力會受到削弱，科學家稱之為「轉換成本」（switching costs）。這是指在不同任務之間轉換時所消耗的認知和時間資源。想想看，不斷從一項任務中抽離出來，重新進入新任務，然後適應新任務的要求，這需要耗費大量的腦力。這就是圖表右側的受試者所受到的影響。另一方面，當我們長時間專注於一項任務時，我們的認知資源也會消耗殆盡，因此專注力也會下降。這就是圖表左側的受試者遇到的問題。

因此，我們的目標是將大部分時間集中在一項任務上，並在我們偶爾注意力不集中時，不要太過自責。但，要如何做到呢？

實踐法3 讓手機變得難用

我們得回到物理定律來說明。在第6章中，我們學到阻礙展開一項事務的摩擦力。當你把吉他放在房間遠處的角落，拿起它的可能性就會低於把吉他放在電視機前面。因此在抵禦分心時，我們可以反其道而行，製造障礙，阻擋在你和可能轉移你注意力的事情之間，在此把它想像成是增加摩擦力。

試舉體育記者大衛．倫格爾（David Lengel）的例子說明。倫格爾步入中年初期時，有兩個年幼的孩子，和一份必須全心投入的工作，他意識到一些令人沮喪的事情。他每天晚上只有幾個小時和妻兒相處，而大部分時間都花在手機上。「這就是一切的結局嗎？」一天晚上，他問自己。「這就是我們下半輩子在做的事嗎？」

他的解決辦法是買一支諾基亞手機。不是帶有觸控螢幕和幾十個應用程式的現代諾基亞手機，而是諾基亞三三一〇型號舊式手機，向來以「堅不可摧」的特色著稱，配備了2D遊戲貪食蛇，而且像素顆粒超大。

結果成效顯著。起初，他感到有些難為情，因為通勤時其他人都在查看X平臺，而他只是坐在那裡玩弄拇指。但隨著時間過去，這種感覺逐漸消失了，於是他寫道：「神奇的事情發生了。」

「我在觀看一般電視節目時，不會走神，在閱讀書籍時，不會匆匆翻過，與妻子有了更多的相處時間。」倫格爾在《衛報》一篇文章中回憶了他的經歷。「我還能在她瀏覽IG時，揶揄她一番。」這對於他集中精力，並在生活中找到樂趣，產生了變革性的影響。

倫格爾的方法是在使用科技時增加摩擦力，但你並不需要用磚頭般的手機重新找回專注力。不妨從顯而易見的事情開始，刪除你沉迷的社群網路。如果你想造訪它們，就必須從網路介面進入。此時，你會重新考慮自己是否真的想花時間在X平臺上，而非不經思考。如果還是行不通，就登出該社群。這樣，當你必須重新登入時，將花費整整三十秒，而這通常足以讓你打消想要查看X平臺訊息的欲望。

接下來我們看看在面對科技時，更硬派的方法。我從那些能減緩科技速度的應用程式中受惠。由於網路普及，不只加速消耗精力，也使分心的速度大大加快。解決方法之一是安裝特定工具，刻意增加某些應用程式的載入時間。這樣，你就會覺得自己在使用九〇年代的撥接連網系統。每次打開X或IG，我的應用程式都會開啟一個螢幕，上面寫著「深呼吸」，三秒鐘後，我才可以選擇打開X或IG。

通常我會在這時候思考：「我現在真的想這樣做嗎？」有時答案是肯定的。但多數情況下，答案是：「我肯定不想這麼做，我只是出於習慣點擊了這個應用程式，而不是因為我真的想用它。」接著，我登出該應用程式。

實踐法4 擺脫放棄型失敗

正如我們所見，分心並非只是件罪該萬死的事。事實上，最有生產力的人往往有點分心，卻又不至於讓分心傷害自己的生產力。但這對於我們其他人來說，或許沒那麼容易辦到。

我有時喜歡用搭飛機的比喻來說明。試想，你正在從倫敦飛往紐約。班機飛到半路的時候，機上傳來一則廣播：「由於強風和亂流，我們的航線改變了幾度。」你心想這應該沒什麼大不了的，沒想到機長繼續說道：「因為這樣，我們決定放棄原定目的地，改飛布宜諾斯艾利斯。」

在生活中的大多時候，多數時候如果事情稍有差錯，我們不會讓自己完全偏離航道。同事發來惱人的郵件，說明計畫要暫緩一天，但不會完全取消；你在跑步時傷到了腿，所以你必須停止鍛鍊一週，但不是永遠；強風讓你比原定計畫晚了五分鐘著陸，但不應該讓飛機改道前往布宜諾斯艾利斯。

然而，在我們的日常工作模式中，許多人都會被一種歪理所迷惑，部落客奈特・索亞雷斯（Nate Soares）稱之為「放棄型失敗」（failing with abandon）。

- 「我已經在社群媒體上花了五分鐘，還不如接下來的三個小時繼續這樣做。」
- 「我錯過了晨練；我想今天就這麼算了吧，我就狂看電視，什麼事情都別做了吧。」
- 「我少用了一次語言學習應用程式，中斷了連續使用天數，我乾脆放棄學習新語言這件事吧。」

放棄型失敗是我們浪費大量精力的常見原因，而關鍵在於重新返回航道。同樣地，解決辦法也是簡單改變想法。我們已經看到，要完全消除分心是不可能的。因此，你需要允許自己分心，把分心看作是暫時偏離軌道，而不是在提示你應該完全放棄計畫。我們只是修正航道，最終還是會到達預定目的地。

為此，我要借用冥想中的一個概念。冥想老師們知道冥想是一件困難的事，因為心靈喜歡到處遊蕩。因此，在許多引導式冥想和冥想課程的最後一分鐘，他們經常會說：「如果你練習時還無法進入深層狀態，沒關係。別擔心，你可以重新開始。」一分鐘的專注總比什麼都不做強。

當我發現自己分心時，我經常唸誦「從頭再來」的心咒。這個提醒很有用。不要犯下放棄型失敗的錯誤，無論你做得如何，或者你認為自己做得如何，你總能回到對你來說重要的事情上。

請允許自己分心。

增加休息

二〇〇八年，心理學家詹姆斯・泰勒（James Tyler）和凱薩琳・伯恩斯（Kathleen Burns）邀請六十名本科生前來他們的實驗室。學生們被要求背對研究人員，進行一項費力的任務：單腿站立。從兩千開始，每次減掉七，從兩千、一千九百九十三、一千九百八十六、一千九百七十九……一路倒數，持續六分鐘。

學生們都以為他們在接受算術測試。事實上，泰勒和伯恩斯對第二部分實驗更感興趣。受試學生們被隨機分成了三組。其中一組有一分鐘的休息，再進行下一項任務；另一組休息三分鐘；而最幸運的一組得到了整整十分鐘休息才繼續下一項任務。

然後，實驗人員請學生們回到主實驗室，並再次要求他們背向實驗者。但這次的任務有所不同，這次實驗人員給了他們一個握力器，要求他們用非慣用手握住握力器，越久越好。在過程中，實驗人員暗中記下他們能夠堅持的時間。

你可能會認為，抓握東西純粹是衡量手部的力量。但研究人員發現，事實上，決定手部力量的關鍵因素與他們休息時間的長短有關。前兩組之間的差異不大：休息一分鐘的組別，使用握力器的時間平均三十四秒，休息三分鐘的組別，使用握力器時間平均四十三秒。十分鐘的組別則有明顯不同。他們平均可以使用握力器的時間為七十二秒。結論很簡單：在兩項需要自我控制的任務之間，增加十分鐘的休息時間，有助於防止過度疲勞。

泰勒和伯恩斯的研究指出節省精力的最後一種方法。到目前為止，我們已經了解說「不」和避免分心的重要性，卻還漏了最後一個要素。事實是你每天都需要時間休息，而且這個時間比你想像的還要多。

事實上，那些完成最多工作的人，往往是那些嫻熟於騰出大量時間無所事事的人。在一項研究中，軟體公司 Draugiem Group 調查了員工花在各種事務上的時間，以及這些時間與員工生產力之間的關係。生產力最佳的員工並不是那些把自己拴在辦公桌上的人，也不是那些讓自己每小時固定休息五分鐘的員工。最有生產力的人，給自己的休息時間多得幾乎令人難以置信：工作與休息時間比為：工作五十二分鐘，搭配休息十七分鐘。

因此，節省精力的最後一步比前兩個步驟更簡單：在你的日常工作裡找點時間什麼都不做，並擁抱這個做法。

實踐法5 補充你的自我調節力

想要讓休息發揮威力，拯救我們自己，第一種方法非常簡單：在你的行事曆中安排一些時間什麼都不做，而且要比你以為足夠的時間更多。

今天我們所從事的大多數知識型工作，都需要依靠心理學家所謂的「自我調節力」（self-regulatory exertions）。這是我們控制自身行為、思考和情緒的能力。在撰寫這一段內容時，我需要動用自我調節力，將注意力集中在這一頁的文字上，以免受到誘惑而去做更輕鬆的事情。

心理學家認為，自我調節力是一種很容易耗盡的有限資源。我坐在椅子上寫這本書的時間越長，我就越難坐著繼續寫：我已經「耗盡」了這種資源。要想在工作過程中節省精力，我們需要找到補充能量的方法。

當我在急診部門工作時，對急診科強調這一點感到非常驚訝。我永遠記得在急診室第一次值班，五個鐘頭內，候診室裡擠滿了一百多名病人，其中一些人站著，因為沒有地方坐。急救室便滿是重症者，我們不得不在走廊上為一些病人看病，因為每個診間都被占滿了。

一切都不在我的掌控之中。我的班從早上八點開始，現在已經是下午一點。與其他人相比，我的工作速度太慢，我感到有些內疚，所以決定不吃午飯，繼續替病患看診。但正當我查看誰是候診名單上的下一位病患時，阿德克醫生拍了拍我的肩膀。

「阿里，據我所知，你還沒休息呢。何不現在就去吃個午飯？」阿德克醫生揚起眉毛，歪著頭，露出他那招牌的「嚴肅」表情。

「謝謝你，我很好，」我對他說。「我不餓，而且還有很多病人要看，所以我很樂意撐過去，等一下再喝杯咖啡。」

我以為他會拍拍我的肩膀，說：「幹得好，我們正需要你這種精神。」然後帶著對我非凡職業倫理的崇高敬意離開。但他沒有，相反地，他把手越過我的肩膀，關掉電腦螢幕。

當我略帶困惑地轉向他時，他笑了。「聽著，我知道這是你的第一天，我喜歡你的熱情，但我幹這行很久了，知道病人總是會源源不斷地來。你必須休息一下，否則你會失去專注力，很可能會犯錯。這對誰都沒有好處。」

我環顧四周的混亂場面。走廊對面，其中一個診間的警報器正響著，走廊間傷患躺在擔架上。現場一片混亂。

阿德克醫生順著我的目光看去。「如果你累倒了，對任何人都沒有好處，但如果你花時間充電，重新集中精神，你就能做出更有效的決定。」他說。「沒有人會因為你去吃午飯而喪命。總會有時間的。」

在混亂的急診室中，這是所有資深醫生都奉行的金科玉律：每四個小時必須休息一次。在急診室工作前，我總以為這句話就像巴博薩船長在《神鬼奇航》中描述的「海盜守則」一樣：「與其說是規定，不如說是僅供參考的指南。」

直到今天，我仍會想起那天中午在急診室那一幕。每天開始工作前，我都會想一想自己什麼時候會感覺最疲勞，在我自認最需要的時候，抽出十五分鐘休息。每當我想再多撐一會兒，就會記起自我調節力的科學原理，那便是你越努力工作，就越容易過勞。即使在我自認不需要休息的時候，我也會提醒自己休息的重要。

牢記阿德克醫生的提醒。即使你忙著拯救他人的性命，休息也不是什麼特殊待遇，而是絕對必要之舉。

休息不是一種特殊待遇，而是絕對必要之舉。

實踐法6 擁抱振奮能量的分心

不過，並不是每次的休息都必須在行事曆上安排。有時，計畫之外的休息也很有助益，我稱之為「振奮能量的分心」。

「振奮能量的分心」是在我第一次閱讀越南禪宗大師一行禪師的作品時，開始思索的問題。他素有「正念之父」的稱號，但其實他自己從未使用過這個詞；相反地，他認為自己的工作是在向世界傳達古老的佛教智慧。一九六〇年代，他因拒絕支持越戰而被迫從南越流亡海外，在這之後他開始從事傳遞佛教智慧的工作。

對我來說，一行禪師提出的「醒磬」（awakening bell）是很有力的自我覺察方式。一九八二年，他在法國創立了梅村寺，而他闡揚的佛教傳統便被稱為梅村法脈。其中，鐘聲被用來宣告冥想課程的開始，不過鐘聲也經常在一天中隨意響起。突如其來的「鐘聲」提醒人們停下手邊的事，意識自己身在何處。鐘聲可鼓勵人們活在當下。

當我第一次接觸到一行禪師的教誨時，我明白了並非所有的分心之事都是負面的。當然，有些干擾會阻止你實現想要達成的事情，如X平臺的通知、緊急的公事電子郵件等；但有些分心卻能替生活帶來正向能量，使我們暫停、重新省思，以更合理的節奏處理事情。

一旦我開始把某些分心的行為視為振奮能量的分心，我發現，自己多年來一直在使用它們，卻沒有意識到它們是什麼。上大學時，我認定朋友造成的分心是好事情，因此念書時，我從不會關門，而是用門擋把門打開，讓朋友在回房間的路上經過時，隨時可以把頭探進來小聊一下（或者大聊也行）。是的，這麼做可能會「浪費」一些精力，因此降低了我的讀書效率，但它卻給了我一些更有活力的東西：與朋友的高品質相處。當我回想起大學時光，並不會希望自己更努力或更有效率。我慶幸自己有騰出時間，得以與朋友們有些偶然的互動。

分心也可能帶來樂趣。把分心當作一種短暫而簡潔的停頓提醒，如同一行禪師的醒磬鐘聲。生活不是非得時刻保持專注，而是要為偶然和快樂的短暫片刻留出空間。

重點回顧

- 倦怠的最大原因不是疲憊，而是情緒低落。如果你能讓自己覺得愉快，你不僅能完成更多事情，還能堅持更長久。
- 第一種倦怠源於過勞倦怠，解決辦法是：少做一些。
- 實務上，有三種方法可以幫助你少做一些。第一種是避免過度承諾。限制你正在進行的事項清單，並學著說「不」。問問自己：如果我只能選擇一件事全力投入，那會是什麼？
- 第二種方法是避免分心。問自己：我能否刪除手機上的社群媒體應用程式，讓自己只能透過網頁瀏覽？如果我分心了，我如何修正航道，重新開始？又何時去做？

- 第三種方法是在日常工作中留白。問問自己：我是否把休息時間當作一種特殊禮遇，而不是必需品？如何讓自己有更多的休息時間？

8 隨時充電

對於牛津大學出版社的詞典編纂者來說，二〇二〇年是艱難的一年。他們的職責除了編纂牛津英語詞典外，還得選出每年的年度代表字，這類新詞最能代表過去十二個月的整體社會氛圍。多年來，他們選出的詞彙捕捉到了全球的時代精神。二〇〇八年：信貸緊縮。二〇一三年：自拍。二〇一五：😂。

但二〇二〇年比過往都更加艱難。隨著新冠肺炎肆虐，一系列新名詞湧入詞典：「封鎖」（lockdown）、「保持社交距離」（social distancing）、「超級傳播者」（superspreader）。最終，牛津字典無法只選出單一代表字，「鑑於二〇二〇年語言變化和發展的驚人廣度，」他們寫道，「牛津年度報告總結這一年無法用單一語詞概括。」

不過，對我來說，真正的年度代表字在牛津年度報告的第六頁：「末日狂刷」（doomscrolling）。和大多數人一樣，我在二〇二〇年花費了大量時間，重新載回社群媒體應用程式。「我應該好好放鬆一下。」我心想。「然而，我似乎讀了兩千五百條推文，內容關於封城對佛蒙特州奢華蠟燭製造商的經濟影響。」

我們大多數人都經歷過「末日狂刷」的危機。經過一天漫長的工作，你在沙發上最喜歡的位置坐下來，拿著手機，準備放鬆幾分鐘。然而，我們並非如預期那樣獲得平靜的休息，而是被捲入了無盡的負面訊息漩渦中，沉浸在一則又一則令人沮喪的故事、推文或影片。我們的心情成了第一個受害者。我們以為自己在休息，但感覺完全不是那麼回事。

上一章談到，我們容易因為做得太多、沒有在工作時充分休息而把自己榨乾，造成過勞倦怠、心情低落。我們學到，解決辦法在於更有效地節省精力。然而，即使是在工作之餘，我們也可能讓自己精疲力竭。末日狂刷、瘋狂追劇、漫無目的地查看電子郵件或WhatsApp通知，都可能搞砸我們閒暇時的好心情。

原因在於，由此產生的壓力會促成我所說的消耗性倦怠，因為我們沒有給自己足夠的時間或空間來真正恢復精力。

試試這個簡單的實驗：用五分鐘來列出兩份清單。第一份是當你感到精力耗盡時會想做的事情。第二份是真正可替能量充電的事情。如果你和我一樣，或許會發現這兩份清單看起來很不一樣。

精力耗盡時，我會做的事情	替我的能量充電的事情
看IG	前去散步
滑動抖音	練習彈奏吉他
躺在沙發上，不停觀看Netflix電影	聯繫朋友，提議共進晚餐
不斷查看X平臺、對世界上正在發生的事情感到憤怒	做一些瑜伽或伸展運動
點一份不健康的外賣	前往健身房，快速鍛鍊身體

當我們感到精疲力竭而自動去做的事，和實際上能讓我們恢復活力的事情，兩者之間存有落差。這表明，我們的休息方式不太能令人放鬆，這也帶出一個問題：我們如何才能打破末日狂刷、拚命追劇、猛點外賣食物的迴圈，並開始從事能令我們放鬆的活動？雖然箇中道理顯而易見，但我們卻不常在休息時間做些能讓心情愉悅的事情——而這類活動，才能真正為我們補充能量、幫助我們遠離倦怠。

創意充電

你是否曾經沉浸於一項創造性的活動，例如：寫一首詩、學一首歌、畫一幅畫，然後發現當你完成時，已經拋開了煩惱？

舊金山州立大學和伊利諾州立大學的一個心理學團隊指出，這是一種經過科學證實的現象。他們認為創造性活動特別容易讓我們放鬆，因為這類活動有四個特色，有助於使我們感覺愉悅，用我最喜歡的縮寫字來說，就是

CALM 活動

效能感　　自主性　　解放感　　放鬆感

CALM。[5]

首先，創造性活動能釋放我們的**效能感**。第2章曾說明，當我們感覺自己獲得新技能時，能提振我們的能量。在從事一些發揮創意的活動時，這種情況特別容易發生。當你寫詩或創作歌曲時，會體驗到一種技藝精進的感覺，能力也隨之增長。

其次，創造性活動能帶給我們**自主性**。第2章介紹了這一概念，使我們了解到對工作擁有自主權讓人感覺精力充沛。同樣地，參與創造性的活動，也會使我們感受到同樣的自主性，幫助我們找回活力。例如，在作畫時，你能控制畫些什麼，以及作畫的方式。

再者，創造性活動能帶給我們**解放感**，幫助我們適度地從工作中脫離出來；當你全神貫注地學習彈吉他時，你很難保持在「工作模式」中。這使我們感到自由，遠離工作帶來的壓力。

最後，創造性活動能讓我們產生放鬆感。只要做法正確，創造性活動既輕鬆又低風險。想要擺脫工作壓力，選擇在輕柔的背景音樂中為朋友織毛衣、練習編織技巧，恐怕遠比參加一場有兩千名對手競逐的限時編織大賽來得更有效。

因此，只要從事適當的創造性活動，至少可以從上述的四個面向釋放我們的能量。但這又點出了一些問題：實務上，我們怎麼知道哪些創意活動能使我們獲得平靜？又該如何將它們融入生活？

5 譯註：CALM意指效能感（competence）、自主性（autonomy）、解放感（liberty）和放鬆感（mellow），本身亦有「平靜」（calm）之意。

實踐法1 培養嗜好，區分工作

美國前總統小布希、英王查爾斯三世和流行歌手泰勒絲的共同點恐怕比你想像的還多。其中有些相似之處顯而易見：非常富有；都是瘋狂陰謀論的主角；喜歡在世界各地進行奢華旅遊。不過，他們還有一個共同點出人意料：對繪畫的熱愛。小布希畫的是退伍軍人；英王查爾斯畫的是蘇格蘭風景；泰勒絲則畫各種海景、花卉、樹葉，她通常用大膽的顏色營造氣氛。

在我看來，繪畫是最典型的CALM活動。無論一個人剛開始畫畫時多麼缺乏經驗，只要堅持下去，繪畫的能力就會日益精進；人們對於畫什麼、怎麼畫，通常都握有自主權；繪畫通常與日常的工作內容無關，因此這樣的嗜好能讓人體驗到一種解放感；最後，一般來說，繪畫能讓身心放鬆。

不過，繪畫之所以特別重要，那是因為對絕大多數人來說，繪畫都只是一種嗜好。它一種純粹的享受，沒有終點，也無關乎金錢利益。

嗜好是我們將CALM活動融入生活的第一個途徑。嗜好的特點是風險低，既沒有輸贏之分，也不看重金錢往來。我們之中很少有人會在長大後發現自己達到了專業畫家的水準（小布希更不可能）。

如何將這些創造性嗜好的潛能發揮至極致？訣竅在於確保這些嗜好與你的工作截然不同，沒有明確的終點、沒有壓力。為此，最好確保你的嗜好與工作有確實的界限。為你的創造性活動安排具體的時間，並與工作和日常職責區分開來。試著為自己的嗜好選擇一個特定的房間或空間，在創作時間關閉工作通知，或設置你從事這些活動的固定行事曆。

其次，要不斷提醒自己，應該享受從事創造性活動的過程，而不是設定牽涉得失的目標。在你繪畫、玩耍或建造東西時，請提醒自己，做這些事情的重點不是品質。因此，允許自己犯錯、嘗試，並按照自己的節奏成長。你的首要目標不是成為專家或大師，而是享受和充電。

最重要的是，不要把嗜好變成「工作」。二〇一七年，小布希出版了他的畫集《勇氣肖像》（*Portraits of Courage*）。儘管他賦予某些畫作對象有點歪斜的五官，評論家普遍還是對他的作品感到驚豔。不過，試圖把自己的嗜好置於大眾目光之下，甚至出售賺錢，有其風險。這意味著你不再把嗜好當成是真正的休閒，而是把它看成另一項副業。

如果你想適當充電，就需要在生活中保留一些空間，讓你不用在意個人的得失進退。

實踐法2 展開一項創造力計畫

創意充電的另一個方法是開展一個特定計畫。與培養開放性的嗜好不同，計畫有明確的開始和結束，有助於培養我們的效能感和自主性，當我們達到最終目標時，將帶來成就感。

在我開始寫這本書時，學習如何提高生產力一直是我的創造力計畫（此時我已經從初級醫生的崩潰中回過神）。幾個月來，下班回家後，我放上音樂，閱讀有關高效率工作的科學知識，不斷精進自我的能力，因為我一直在學習最新的心理學研究。

我擁有自主權，因為在這段時間裡可以做任何我想做的事情，並以自己的創意方式探索各種方法。我從白天的醫生工作中獲得解脫，這與在夜間學習如何提高生產力的經歷完全不同。當時，我覺得這麼做沒什麼好損失的，所以我在閱讀時感到輕鬆和愜意。（事實上，在我簽下這本書的出版合約後，不再是沒什麼好損失的了。）

創造力計畫可以是任何需要創意的事物，但需有明確的終點。你可以學習攝影，給自己設定一個目標，像是每天都拍照，為期一年。你可以學習編寫程式，給自己設定目標，設計一款角色扮演遊戲。你可以學習拼布技能，為自己設定目標，為母親的下一個生日製作一份禮物。

如果你想進一步增強創造力計畫的效果，可以考慮把「人」的因素加進來。正如第3章提到的，當我們與朋友或更龐大的社群一起完成一項任務時，就可以利用人與人之間的連結帶來的能量，在這樣的環境中茁壯成長，相互學習、交流想法、共同慶祝成功。

如果你的創造力計畫是繪畫或素描，可選擇參加在地的藝術課程或聚會，分享你的進展。如果你熱衷於寫作，也儘量加入寫作小組或工作坊，共同為成為作家而努力。無論你的計畫是什麼，當你依此建立一組社群，就能利用人的力量替自己充電。

擁抱自然

在賓州郊區一家醫院的安靜病房裡，兩組病人正在進行膽囊手術後的康復治療，但他們的恢復速度並不一樣。

其中一組房間的窗戶可以俯瞰一片寧靜的小樹林。另一組則面對著冰冷、毫無生氣的磚牆。羅傑·烏爾里希（Roger Ulrich）是一名助理教授，事業才剛起步，主要研究環境對病人的復原產生什麼影響。他驚訝地發現，窗外綠樹成蔭的病人與盯著牆壁看的病人相比，痊癒的速度平均快了一天，所需的止痛藥也明顯減少，也沒有那麼多併發症。

從此，烏爾里希的職涯著迷於大自然對治療過程的影響。十年後，他與瑞典烏普薩拉大學（Uppsala University）醫院的同事合作進行研究，專注於大自然對康復的影響。團隊聚焦於加護病房中的一百六十名心臟手術患者。

病患被隨機置於六種情境的病房中：房間裡有模擬廣闊大自然的「窗景」，分別為描繪開闊的林蔭小溪或朦朧的森林景象、兩幅抽象畫、一塊普通的白板或一片空白的牆壁。你或許認為房間的差別並不大，然而效果卻有非常顯著的差異。被分配到寧靜的水景和樹景的患者，焦慮感明顯降低，所需的強效止痛藥劑量更少。而那些被分配到陰暗森林照片、抽象藝術畫作或完全沒有任何掛圖的患者，復原情況則較糟。

在往後四十年裡，烏爾里希因為研究大自然對病患康復的效果，對醫院建築帶來了革命性的影響，使得花園和綠地成為世界各地現代醫院的共同特徵。他數十年的研究表明，大自然能幫助我們痊癒，因為沉浸其中，將會降低壓力程度，恢復我們的專注力。

因此，沐浴在大自然的光輝中，是我們妥善充電的第二種方式。大自然能恢復我們的認知能力，增強我們的能量。大自然讓我們感覺愉悅。我們需要一種將大自然融入生活的休息方式。

大自然能恢復我們的認知能力，增強我們的能量。

實踐法3 將大自然帶入生活

你可能會想：「是的，阿里，我們都想花更多的時間與大自然相處。不幸的是，我們多數人都生活在水泥叢林或平淡的郊區。」尋找大自然，說起來容易做起來難。

但在我看來，這正是烏爾里希的研究意義非凡的原因所在。請記住，烏爾里希研究的受試者只不過是看了幾張樹林的照片。那些樹根本不存在現場，但效果卻十分顯著。科學結果明確指出：與大自然建立連結所需的時間和精力比你想像的要少。

這些與大自然的連結甚至不需要花一分鐘。在一項研究中，研究人員召集了一百五十名大學生，測試他們的專注力。在測試前後，參與者有四十秒的「微休息」時間，可觀看綠色屋頂或混凝土屋頂。看到綠色屋頂的學生與觀看混凝土屋頂的學生相比，犯的錯誤明顯要少得多，也更專注於手頭的任務。

事實上，這些連結甚至不需要涉及視覺刺激。二〇一八年發表的一項研究讓參與者閉上眼睛聆聽大自然的聲音，如鳥鳴聲、雨林的聲音、海鷗的聲音、夏季的雨聲。儘管他們只聽了七分鐘舒緩的自然聲音，但在聽完後的幾個小時裡，他們都感覺更加精力充沛。

因此，從大自然中獲取能量，並不代表要到大自然中進行長達七小時的徒步旅行，而是可以簡單地將綠色空間融入住家。也就是說，你可以建立一座小花園，或購買些許室內植物。但如果你既沒有時間也毫無資源，不要緊：你只需在床頭放一張風景照，就能發揮充電的作用。

或者，你可以考慮騰出時間聆聽自然的聲音。你不必真的沉浸在熱帶雨林，只需讓你的潛意識相信自己身處其中。所以，不妨在睡前花上五分鐘，用手機聆聽雨林的聲音，幫助你放鬆入睡。

實踐法4 科學證實散步有效

另一種充電法甚至比下載大自然聲音的應用程式更簡單：出去走走。從賈伯斯到維吉尼亞．伍爾芙等名人都強調每天散步的重要性，能使人獲得真正的休息。詩人哲學家梭羅（Henry David Thoreau）曾經說過：「除非我每天至少花四個小時，甚至更多時間，在樹林裡、山丘上和田野間漫步，完全擺脫世俗的紛擾，否則我無法保持健康與元氣。」

不過，這個建議很可能會招來許多人的不滿。梭羅之所以能夠花四個小時散步，那是因為他的朋友詩人愛默生（Ralph Waldo Emerson）於一八四〇年出於好心，讓他免費住在自己位於麻州的大森林裡。但並不是所有人都這麼幸運，要在工作、家庭和朋友之間，每天花四個小時「完全擺脫一切世俗活動的干擾」。梭羅先生，我們之中有些人仍必須為生計而工作呀。

有時，我對於「日走一萬步」的說法也有類似的感覺。這個數字現在已被世界衛生組織、美國心臟基金會和其他機構視為圭臬。Apple Watch和Fitbit等智慧手錶和手環的設計，幫助我們計算每天走了幾步。它幾乎就像每天五蔬果建議的口號一樣無處不在。這個數字的實際來源和科學依據值得懷疑，口號簡直宛如現代版的梭羅「散步四小時」。有些人的確會走上一萬步，有些人則不會，但我們並不清楚以日走一萬步為目標的原因何在。

二〇一一年的一項研究表明，若要發揮散步的效果，步數可能並不是最重要的部分。那年，一組來自瑞典和荷蘭的心理學家調查了步行對心理健康的影響。他們招募了二十名大學生參加實地實驗，結果不出所料，步行能讓人感覺愉快、減少焦慮和時間壓力。他們還讓受試者在不同的環境（公園和街道）和不同的社交場合（獨自一人和與朋友一起），進行兩次四十分鐘的測試。研究人員明確發現：受試者在公園散步時比在街道散步時感覺更放鬆。

而且獨自一人在公園散步，會感到更有活力，也許這是因為他們能更加融入大自然。不過，與朋友一起在街上散步時，也會令人放鬆，這或許是因為人的影響了我們的能量水平。

如果你正在尋找一種簡單易行的方法，讓自己迅速恢復活力，不妨試試散步吧，沒有時間限制、不限距離、不限地點。如果可以的話，在公園或森林裡散步，或只是選一條特別綠意盎然的街道走走。如果你想要的話，也可以找找朋友陪你。也許不能走滿梭羅建議的四個小時，但即使只散步十分鐘，也足以改變你的一天，讓生活變得更好。

放空心靈

本章到目前為止，都聚焦在我所說的心靈充電，比如尋找新的嗜好、買一盆盆栽、或在林蔭大道散步。這些方法都需要主動投入，才能讓我們藉由休息取得能量，就像把手機插入充電器一樣。

不過，也許你已經猜到，我不見得總是能夠好好做到主動充電，但我得替自己說句公道話：無意識地放空充電，也自有其道理。我把這種「無意識充電」定義為：當你沒有想著要放鬆時所做的活動。它們甚至可能在本章前面被你列入第一份清單。

雖然這些無意識活動往往稱不上長期的充電策略，但少量使用也能產生效果。在某些情況下，最能提振精神、刺激生產力的事情不一定是專注於學習一首新的吉他曲，而只是躺在沙發上，狂看真人實境秀。

一切端看你想怎麼做。需要專注的活動當然好，但畢竟我們需要動腦。我們必須刻意將意識導向特定的事物，而這意味著需要投入一定的能量才有效。

如果你有能量可以投注其中，當然沒話說。但有時下班回家，或者在伴侶的父母家經歷緊繃的一天，還是某個諸事不順的下午，我們感到特別疲憊，這時強迫自己去畫一幅畫，或去找一條綠樹成蔭的街道散步，恐怕一點都不令人愉悅，甚至還可能把自己搞得更累。

在這種情況下，理所當然地無所事事，也許正是我們所需要的，但必須掌握訣竅。

實踐法5 切換預設模式網路

「人們殺死舉目所及的蜘蛛，所以人類成為了自然天擇的代理人，使蜘蛛不再親近人類，具有智慧。我們讓蜘蛛變得更聰明。」

「透過憎恨同一件事能與某人建立關係，如果一款約會應用程式能尋找這類與我們有相同厭惡的人，八成會相當成功。」

「衡量友誼的標準是，你需要把房子清理到多乾淨，才敢讓對方踏進家門。」

這些觀點都是我從Reddit論壇上的「淋浴間思考」（r/Showerthoughts）群組看到的內容，在這裡，人們可以張貼日常生活中最有趣和古怪的想法。

張貼這些想法的網友中，多數人並沒有意識到他們實際上是在證明一個著名的神經科學理論。你應該經歷過類似的事：當你在淋浴時，站在熱水中，洗髮精和香皂的芳香讓你進入放鬆狀態。突然間，你睜大了眼睛，原本苦思不解的問題竟有了解決方案！也許你想出了給老闆的電子郵件該怎麼寫、也許是你想起了車鑰匙掉在哪裡。「淋浴間思考」並不只是論壇貼文者的幻想，當大腦充分放鬆時，創意解決方案往往就這麼靈光乍現。

這一切都歸功於無意識充電的獨特力量：即心靈漫遊。根據最新的神經科學研究，即使「無所事事」，大腦仍然處於活躍狀態。特別是大腦中有所謂的「預設模式網路」（default mode network，DMN），負責掌管我們心不在焉的狀態，帶著我們回憶往事、做白日夢和想像未來。它在我們從事這類較不費神的活動時，會變得更加活躍。

問題在於，現代生活中，我們不善於給自己時間和空間來活化我們的預設模式網路。心靈漫遊向來惡名昭彰，經常與浪費時間相提並論。由於我們通常不記得自己在做白日夢時想到的內容，所以很難想像它會對我們有任何益處。但我們都想錯了，什麼都不做也可能會帶來意想不到的收穫。

把「什麼都不做」的時間融入生活，會是什麼樣子？最簡單的方法就是排出「無所事事」的時間。有些晚上，你不需要去散步或畫畫，只需讓自己靜下來。你甚至可以寫進行事曆：下週的某個晚上是心靈漫遊之夜。

或者，你也可以決定，當你在做例行家務時，不論是洗碗、晾衣服或去雜貨店購物，你都不會用耳機聽任何東西。這對於生產力愛好者來說，有些違背直覺，像我就經常不得不強迫自己這麼做，但它的確有效。

這或許讓人覺得沒有生產力，但有時你的大腦需要時間閒逛，而你的問題甚至可能因此迎刃而解。

實踐法6 接納適時耍廢原則

即使安排時間讓心靈漫遊，你也並非一無斬獲。你仍處於生產力模式中，只是你的生產力是由極為不起眼的小事激發。

但有時，即使這樣都嫌太累。在我擔任醫生並兼顧發展事業時，有時我會精力充沛地回到家，投入寫作、編輯影片；但有些晚上，我因為在醫院忙碌了一天而筋疲力盡。我的每一個細胞都渴望舒適的沙發，只想隨意觀賞Netflix影片。

在這些日子裡，我會躺在沙發上，心裡想著：「我真的需要剪這段影片，我會在三十分鐘內起床。」但半小時過去，剪輯影片的欲望卻變得越來越小。

有時，我的室友莫莉（也是一名醫生）會關心我，並問道：「阿里，如果你累了，為什麼不趁今晚好好休息？」她的話在我心中埋下了一顆種子。如果她是對的呢？為什麼我不能把晚上要做的事情暫時取消，真正放鬆一下？就在我糾結於內心的矛盾時，我偶然發現了一個詞，它完美地概括了我的想法：「適時耍廢」。

適時耍廢的理念是，我們允許自己放鬆一天，並刻意遠離任何事情。對於許多人來說，放鬆的挑戰在於我們必須放下手邊應該要做的事情。我們習慣強調自我控制、勇氣和堅持不懈；我們把放鬆視同為懶惰、軟弱或失敗。

接受適時耍廢意味著我們必須意識到，有時就算無所事事也無妨。不必進行淋浴間思考，也不用去散步，什麼都不做就好。

這些天，我用適時耍廢原則來幫助自己減少耍廢的罪惡感。當我感到疲憊、倦怠，掙扎著找不到繼續工作的能量時，我會告訴自己，放自己一天假何妨，這樣我就可以理所當然去做其他事情而不會有罪惡感。比如玩線上遊戲和叫外賣。我告訴自己，這種短期的「不務正業」可以讓我有時間自我重置和充電。

這也令我意識到，其實我並不想要每天都耍廢。讓自己偶爾按下暫停鍵，遠離持續不斷的壓力，就能為成長和創意創造空間。今天少做一點，明天就能多做一點更重要的事情。

今天少做一點，明天就能多做一點更重要的事情。

重點回顧

- 第二種倦怠與休息時間有關。消耗性倦怠的原因是沒有給自己足夠的時間或空間真正充電。解決之道：了解如何休息能讓自己精力充沛。
- 最好的休息方式就是讓自己感覺平靜。或者掌握CALM原則，找到一項活動或計畫，使你感受到效能感、自主性、解放感和放鬆感。
- 另一種解決方案是花時間與大自然為伴。即使是極少量的綠色植物，也能帶來巨大影響。所以散散步，哪怕時間很短也可以。也試著把大自然搬進室內吧，不管是栽種室內植物，還是聆聽蟲鳴鳥叫的錄音。

- 然而，並非所有的休息都需要如此講究策略。有時，能替你充電的事情就是什麼都不做。今天少做一點，明天你會感覺更好。

9 聚焦重點項目

太平洋屋脊步道並不適合膽小的人。它橫跨美國西部約兩千六百五十英里的山區地形，涵蓋了美國從南到北，從墨西哥邊境的沙漠到華盛頓州北部的山脈，是最艱苦，甚至是危險的徒步旅行路線之一。

每年夏天，成千上萬無畏的徒步健行者都會踏上山路，他們早在春天便已出發，現在還要再走五個月才能抵達加拿大邊境。對大多數人來說，這聽起來像是地獄般的耐力壯舉，但對於密蘇里大學教授肯農．謝爾敦（Kennon Sheldon）來說，這無非是一個進行心理實驗的絕佳機會。

謝爾敦是近年來研究人類動機浪潮中的泰斗級人物。千禧年之初，許多人認為，關於動機的重大問題已經獲得解決。正如本書第一部所說的，自一九七〇年代起，科學家們就發現了兩種類型的動機：內在動機（intrinsic motivation）和外在動機（extrinsic motivation）。內在動機是指你做某件事情是因為它本身讓你感到愉快；外在動機是指你做某事是因為外部的獎勵，比如賺錢或獲獎。自從這兩種動機被發現以來，無數研究指出，當我們有內在動機去做某件事時，做起事來會更有效率、更有勁。而從長遠來看，外在獎勵會降低我們做某事的動力。因此，內在動機總是和好的畫上等號；外在動機總是和不好畫上等號。道理就是這麼簡單。

只不過謝爾敦認為事情遠不只如此。一九九〇年代起，他開始懷疑動機科學是否遺漏了某些面向。的確，表面上看，外在動機似乎比內在動機「更糟糕」，但同時，生活中又顯然充斥著因為外在獎勵而獲得動力的例子，而且也確實能激勵人們。

試想，有一個學生正在為考試複習，我們姑且稱她為凱妮絲。凱妮絲並不喜歡讀書的過程，所以她的讀書動機不是內在的。現在，她受到讀書和學習的純粹樂趣之外的動機所激發鼓勵。凱妮絲是如何敦促自己讀書呢？以下是一些選項：

選項A：我讀書是因為爸媽強迫我去做這件事。我討厭這門課，但如果不及格，就會被禁足一個月。我需要好好讀書來避免這種可怕的懲罰。

選項B：我之所以乖乖讀書是出於一種罪惡感。我討厭這門課，但我知道爸媽辛辛苦苦把我送到這所學校，我應該珍惜機會，好好學習，這樣才能進入好大學。我如果不好好讀書，我會感到焦慮和內疚。為了這次考試，我每天晚上都會花幾個小時讀書。

選項C：我讀書是因為我真心想要在學校表現出色。沒錯，我討厭這門課，但我必須通過這次考試，才有資格選修我明年真正想上的課程。我努力學好這門課，是因為我很想上大學，拓展視野，也許將來還能申請醫學院。爸媽並沒有強迫我做這些事。的確，如果我失敗了，他們會失望。但我不是為了他們而讀書，是為了自己。

這些選項都屬於「外在動機」：在每種情況下，凱妮絲並不是因為讀書本身令人愉快才去讀書。相反地，她讀書的目的是為了達到某種外部結果，如避免懲罰、消除罪惡感或進入自己想念的學校。但很明顯，這三種選擇代表了對工作和生活的截然不同態度。選項C甚至可能是一種健康的激勵方式：它鼓勵凱妮絲朝著她所重視的目標而努力，即使這個過程本質上並不令她感到愉快。

凱妮絲的例子指出，事實上，並非所有的外在動機都是「不好的」。就像凱妮絲學習她討厭的科目一樣，我們有時不得不去做自己討厭的事情。更何況，即使我們一開始喜歡某件事，如果做的時間夠久，總會遇上倦怠的時候。在這種時刻，我們需要有人可以適時提點，只要繼續努力不懈，我們就能堅持下去。

並非所有的外在動機都是「不好的」。

這又把我們帶回了謝爾敦和太平洋屋脊步道的心理實驗。他認為進行山脊步道的健行者，在旅途的某些時刻多半會經歷內在動機的崩潰。他想知道，究竟是什麼原因促使他們繼續走下去。

於是，他決定做個實驗。二〇一八年，謝爾敦招募了一群有興趣進行山脊健行的人。這群人的能力參差不齊，其中七人從未徒步健行過；三十七人徒步健行過「幾次」；四十六人「經常」徒步健行；有四個人「總是」在徒步健行。健行開始之前，謝爾敦讓參與者對以下的敘述進行評分，而每一個敘述衡量了不同類型的動機：我參與徒步健行是因為……

- 太平洋屋脊步道健行很有趣
- 太平洋屋脊步道健行對我個人很重要
- 我想為自己感到自豪
- 如果我不進行太平洋屋脊步道健行，我會覺得自己很失敗
- 如果我完成太平洋屋脊步道健行，我會博得他人的讚賞

- 老實說，我不知道自己為什麼要參加太平洋屋脊步道健行

謝爾敦於研究資料時發現，在馬拉松式健行的過程中，所有健行者的內在動機都明顯下降。這並不奇怪。當你得花上五個月，徒步穿越兩千六百五十英里的冰天雪地，很難真正享受每一步。

謝爾敦更感興趣的是，當健行者的內在動機轉化為外在動機時，他們的外在動機是什麼形式？到了二〇一七年，許多科學家開始認為，就像凱妮絲為了考試而學習一樣，除了純粹的內在動機外，另外還有三種不同類型的動機，統稱為「相對自主性的連續體」（relative autonomy continuum，RAC）的範疇：

- **外部動機**（external motivation）。「我這樣做是因為他人會更喜歡、更尊重我。」給這句話打高分的人，具有較高的外在動機。
- **內攝動機**（introjected motivation）。「我這樣做是因為如果我不如此

做，我會感到內疚或認為是自己的不對。」給這句話打高分的人通常具有高度的內在驅力。

- **認同動機**（identified motivation）。「我這樣做是因為我看重它能幫助我實現目標。」給這句話打高分的人具有較高的明確動機。
- **內在動機**（intrinsic motivation）。「我這樣做是因為我喜歡這個過程本身。」對這句話打高分的人具有較高的內在動機。

我們可以把這四種動機繪製成一個自主性由低到高的圖表。

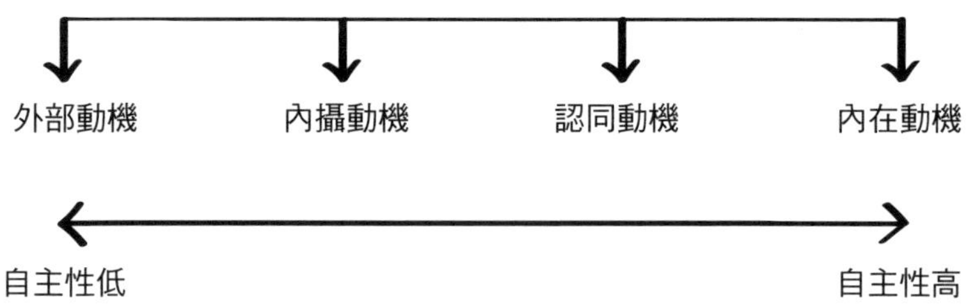

外部動機是外在動機的一種形式，自主性較低，並非受到任何內在的力量所驅動，而是受到他人的意見、

規則和獎勵所影響。進一步來看，認同動機則是外在動機中，自主性較高的一種。儘管我們可能是為了外部獎勵而去做某事，但我們看重這個獎勵或最終目標，而且其中的價值是由我們自己決定，而不是他人所強加給我們。

謝爾敦利用這個架構發現到，徒步健行者之所以成功，往往與他們的內在動機減弱時，所利用的特定類型外在動機有關。謝爾敦利用從健行者身上所收集到的動機、幸福感和健行表現數據，發現內攝動機和認同動機較強的人，更有可能完成徒步健行。他們會設法利用這些類型的外在動機來幫助自己持續向前，即使遇到了困難也一樣。

與此同時，謝爾敦還利用一系列完善的「主觀福祉」（subjective well-being，SWB），也就是心理學術語的「幸福感」測試，詢問每位健行者在健行中的心情。他有了第二個耐人尋味的洞察：唯一與更大幸福感相呼應的外在動機是認同動機。換句話說，健行者透過將自身行動與自己重視的事物相結合，來激勵自己完成健行，並因此在抵達終點時感到快樂。雖然謝爾敦並沒有使用「愉悅生產力」這個詞，但你可以說這些健行者體驗到的正是這個東西。

這項研究為我們提供了降低倦怠風險的啟示。到目前為止，我們已經探討了如何避免我所說的過勞倦怠，也就是因為承擔了太多工作而產生；消耗性倦怠則是因為工作過度耗費心神所致。第三種則是我所稱的錯位倦怠。

錯位倦怠源於當我們的目標與內在自我不符時產生的負面情緒，我們感覺很糟、成就感降低，因為我們不是發自內心去做。我們的行為在這些時刻受到外部力量的驅動，而不是出於內在自我和我們所做的事情之間更深的契合。這種一致性只有內在動機與認同動機才能提供。

解決辦法是什麼？找出對你真正重要的事物，並使自己的行為與之保持一致。

這是一種帶來蛻變的方法；它能讓我們從根本上改善生活。我們探討過，每個人都必須去做自己不喜歡和別人期望我們做的事情。例如我不喜歡把車送修、清洗馬桶，或者納稅。我們不喜歡做某些事，因此會消耗我們的精力。但是，我們可以透過以下方法來維持愉悅生產力，將我們當下的行動與更深層次的內在自我相結合。

思考死亡

如何將我們的行動與重視的事物保持一致？不妨從一個真正長遠的角度去思考問題。

以一九九四年洛杉磯大地震為例：一九九四年一月十七日，一場六點七級地震撼動了整座城市，造成五十七人死亡，數千人受傷。倖存者中，塞普爾韋達退伍軍人事務醫療中心（VAMC）的員工，距離震央僅兩公里。醫院遭到嚴重破壞，許多醫院員工的房屋也被摧毀。

肯塔基大學艾蜜莉・萊金斯（Emily Lykins）教授領導的研究小組利用這次令人痛苦的經歷來探討一個簡單的概念：當我們思考死亡時，我們將對生命有更清楚的認識。

當我們思考死亡時，我們將對生命有更清楚的認識。

科學家們要求七十四名退伍軍人醫療中心員工填寫兩份問卷，問題涉及各種人生目標的重要性。這些目標被分為內在目標，例如：培養親密的友誼和個人成長；以及外在目標，例如：職涯發展和物質財富。他們還向受試者提出了以下問題：「地震發生時，你是否認為自己可能會死？」，以了解受試者在多大程度上經歷了「死亡威脅」。

問卷結果展現出清楚的結論。地震發生後員工表示更看重內在目標而不是外在目標。更重要的是他們經歷的死亡威脅越大，朝向內在目標的轉變就越大。例如曾經只受職涯發展和物質財富驅動的員工，轉而投入更多的時間和精力來培養與家人和朋友的親密關係。另一位員工從前喜歡追求外在的讚賞，之後轉而開始追求創造性的工作和個人成長。

這說明了為什麼目標放在長遠的未來——生命的終結——會有所幫助。當我們能把目標和行動與存在的意義聯繫起來時，我們就能產生認同動機。問題是，如果你問五十個人：對你來說，存在的意義是什麼？如果有兩個人給你清楚的答案，那還算是幸運，因為這是一個很難回答的問題。

因此，洛杉磯的科學家們便想出了這個方法：試著想想你生命的最後一刻，以此重新評估此時此刻什麼對你來說才是最重要的。

實踐法1 用悼詞法回推目標

幸運的是，你不必遭遇地震這樣的災變，也能以生命終結的心態來面對生活，正如莉蓮．潘恩（Leigh Penn）的訃文告示。

「高風險學生照料者莉蓮．潘恩去世，享年九十歲。」在她的生平報導中寫道：「莉蓮努力消除與青少年之間的鴻溝。」報導生動地描述了她在年輕時參與的一些著名活動。無論是領導一個為貧困青少年提供教育機會的創新慈善機構，還是幫助美國海軍推出一項為社區提供服務的培訓計畫。即使處在位高權重的職位，她也從未忘記自己的身分。「儘管拿了企業管理碩士學位，又是企業執行長，莉蓮最喜歡的還是母親這個角色的頭銜。」訃文中這樣寫道。

這真是一個非凡、具有「影響力」的人生，只是其中有幾個問題。首先，潘恩實際上並沒有完成訃文中列出的任何成就。第二，她實際上並沒有活到九十歲的高齡。第三，她仍在世。

事實上，潘恩在史丹佛商學院選修了「生前預備書」（Lives of Consequence）的熱門課程。羅德．克萊默（Rod Kramer）教授經常指派學生撰寫自己的訃文：假設自己此生已過得圓滿，過著他們想要的生活，直到生命的最後一刻，他們會寫些什麼。

「課程的目標是改變你對自己的生活，及其對世界可能產生什麼影響的看法。」課程說明寫道。對包括潘恩在內的許多人來說，這是一種革命性的想法。「這讓我停下來問自己，我是否分配了足夠的時間給我愛的人？或是我過度沉溺於工作？」她後來寫道，對死亡的反思啟發了我們如何生活。

我自己也經常使用我稱之為悼詞法的類似方法，但不是把重點放在訃文，而是葬禮。你只需問自己：「我希望別人在我的悼詞中說些什麼？」想一想你希望家人、好友、遠親、同事會在你的喪禮中如何表達對你的看法。

這種方法可以幫助我們從他人的角度來思考：「我的價值是什麼？」在你的葬禮上，即使是同事也不太可能說：「他幫助我們完成了許多價值百萬美元的交易。」他們會談論你的為人、人際關係、性格和嗜好，他們會談論你對世界產生的正面影響，而不是你為雇主賺了多少錢。

現在，將所學應用到你今天的生活中。你希望幾十年後人們對你的記憶是什麼？這對你現在應該打造什麼樣的生活，又意味著什麼？

那麼，在這個歡快的起點開始之後，讓我們把話題拉近一點。

實踐法2 撰寫奧德賽計畫

一九九〇年代初，比爾．伯內特（Bill Burnett）在蘋果公司工作了幾年。他的成名作是協助設計了第一支蘋果滑鼠。但事實上，伯內特參與了數十個不同的專案，並很快成為設計團隊中不可或缺的一員。正是在此期間，他開始敏銳地了解好的設計與人類需求之間的交集。

有一天，他冒出一個有趣的想法：他所設計的世界級頂尖工具是否也能應用於人生？

在接下來的幾年裡，伯內特提出了一種新的方法，來創造更快樂、更充實的生活。他稱之為「設計你的生活」。通過將設計思維應用於個人發展，伯內特認為，他可以幫助人們以更真實、真切的方式生活。這種方法最終成為史丹佛大學課程「設計你的生活」的基礎。

當我第一次發現「設計你的生活」這個方法時，我茅塞頓開。當時，我擔任初級醫生，工作已經邁入第二年，被分派至婦產科，我感到有些困頓。

我對自己有清楚的定位，我知道自己喜歡醫學、喜歡教醫科學生，我也有一個人數不多但關係密切的朋友圈，我還喜歡在週六到劍橋市中心我最喜歡的咖啡館度過早晨時光。但我卻不知道自己想要什麼。

這時，一位朋友告訴我《設計你的生活》同名書中的一個練習，有助於我將自己想要什麼的模糊想法，變成有依據可循的清晰圖像。這個方法被稱為「奧德賽計畫」。

這項練習的核心是一個簡單的問題：你希望自己五年後的生活是什麼模樣？我心想，這並沒什麼特別深奧之處，任何曾經去過工作面試的人都會想過這個問題。但是伯內特設計問題的思維方式卻有別以往。他請你思考：

- **當前道路**：詳細寫出如果你持續走在當前這條路，五年後你的生活會是什麼模樣。
- **替代道路**：詳細寫出如果你選擇一條完全不同的路，五年後你的生活會是什麼模樣。

- **激進之路**：詳細寫出如果你選擇一條完全不同的路，將金錢、社會義務和人們的看法排除在外，五年後你的生活會是什麼模樣。

關鍵並不在於這些未來中的某一個選項會是你的「具體計畫」，在人生規劃中，顯然沒有「具體」二字的存在。重點在於敞開心扉，接受各種可能性。

對有些人來說，第一條路是他們真心想要選擇去做的。如果你是這樣的人，你已經與未來的自己達成了共識。但是對很多人來說，這能幫助你發現，你現在所走的路並不是你真正想要的路。

就我而言，撰寫奧德賽計畫讓我意識到，雖然生活已經步入正軌，但擔任一名全職醫生已經不再令我感到興奮，當下的生活軌跡充滿了「在英國接受麻醉

奧德賽計畫

科住院醫師培訓計畫」的固定選項。看到我寫下的文字，我意識到自己幾年前就已經踏上了這條道路，但在這段時間裡，我的內在卻也發生了變化，以至於這個未來對我而言似乎不再令人振奮。

於是我改變了方向。奧德賽計畫激勵了我專注於發展自己的事業，而不是繼續走醫生的道路。時至今日，每當我處於十字路口時，我都會重複這個練習。通過勾勒未來的道路，你可以找出你真正想走的路。

著眼來年

從長遠的角度思考問題，有助於我們弄清抽象的價值觀，但仍可能覺得有點模糊。畢竟，如果你在二十幾歲或三十幾歲的時候思考半個世紀後，希望的悼詞內容是什麼，可能會有些遙遠。那麼，我們要如何將這些抽象的人生計畫，轉化為來年的生活依據？

答案來自一個科學家們稱之為「價值肯定干預」（values affirmation

interventions）的簡單方法。這是一個科學術語，用於確定你現在的個人核心價值，並不斷對其進行反思。在上一節中我們勾畫了一些理想中的人生規劃，一旦確認了這些重要價值後，就可以把它們變成一套我們可在隔年完成的具體計畫。

如果你對於自己能不能在長期達成想要的目標感到信心不足，這些干預措施尤其有效。在《科學》雜誌發表的一篇論文中，一群心理學家利用價值肯定干預措施來縮小性別與物理學成就之間的差距。由於物理學是一門男性占主導地位的學科。在三宅晶及其同事招募的四百名學生中，女生的表現往往比男生差，她們通常也相信男性比女性更適合學習物理。

三宅的干預措施是典型的價值肯定練習。每個學生都收到一份包含十二種重要價值的清單：

1. 擅長藝術

2. 創造力
3. 與家人和朋友的關係
4. 治理或政治
5. 獨立
6. 學習和獲取知識
7. 運動能力
8. 隸屬某個社會團體（如自家社區、種族團體或學校社團）
9. 音樂
10. 職涯
11. 靈性或宗教觀
12. 幽默感

其中一半學生被要求寫出三種對他們來說最重要的價值，以及他們選擇這三種價值的原因。另一半學生被要求選出對他們來說最不重要的三種價值，並寫出為什麼這三種價值可能對其他人具有重要性。這個簡單的寫作練習對他們的期中考試產生了巨大的影響：干預措施顯著縮小了考試成績的性別差異，並提高了女生的成績。對於那些傾向認同「男性物理成績好於女性」這一刻板印象的女性來說，情況尤其明顯。

為什麼如此？一種可能的解釋是，透過肯定她們的重要價值，女學生就能記住對她們來說最重要的事物，並在考試時牢記在心。

因此，價值肯定措施使抽象的理想化為現實，還能增強我們的信心。那麼，現在還有一個問題：如何找到這些重要價值，又如何加以運用。

價值肯定措施使抽象的理想化為現實，還能增強我們的信心。

實踐法3 用生命之輪定義你的成功

在醫學院的倒數第二年，我開始思考價值觀的問題。在一個炎炎夏日，我記得當時坐在狹窄、悶熱的階梯教室裡，心中有些不滿。這本該是一個值得慶祝的時刻：我五年級的考試結束了，而教室裡的每個人即將飛往不同國家，參加為期兩個月的醫學選修課，在世界各地獲得醫療實習經驗。我和朋友班、奧莉維亞要去柬埔寨金邊的兒童外科中心實習。

但首先，我們還要再聽幾場令人生厭的講座一個星期，其中一場名為「如何成為一名成功的醫生」，這讓我覺得有點吃不消。我是說，這不就是我們過去五年來一直在學習的內容嗎？所以，當督導利利克拉普醫生告訴我們，這堂課並不是關於醫療管理的樂趣，而是如何學會為自己定義「成功」，我的驚訝可想而知。

利利克拉普醫生解釋，許多醫科學生往往以為成功就是學術榮譽和華麗的頭銜，但成功遠不止如此。接著，他發下幾張紙，上面有個簡單的練習，叫做「生命之輪」（wheel of life）。

他解釋說，「生命之輪」是一個訓練框架，可以用來為自己定義成功。你可以先畫一個圓，然後分成九等分。在每個輪輻的邊緣，寫下你生活中的主要面向。以下是利利克拉普醫生建議的起點（當然你也可以提出自己的想法）：三個面向是關於健康（身體、心理和心靈）；三個關於工作（使命、金錢、成長）；三個關於人際關係（家庭、感情、朋友）。

接下來，你要評估自己在生活各面向的一致程度。問問自己：「目前的工作在多大程度上符合我的個人價值觀？」並在相應的部分塗色，如果你感到滿足就把它填滿；如果你覺得毫無滿足感則留白。

「生命之輪」給了我一些有趣的啟示。這是我第一次思考自己真正想要的生活。我一直有一個模糊的目標，那就是成為醫生，同時也對科技感興趣，但「生命之輪」給了我更多策略性思考人生的方向。

其中三個與我交集最低的面向是感情（人際關係的一部分）、身體（健康的一部分）和使命（工作的一部分）。這促使我採取行動，我開始約會、健身、認真考慮創業。事實上，在柬埔寨那次實習中，我錄製了第一部影片。在短短幾分鐘裡，「生命之輪」讓我清楚看到自己最看重的是什麼。

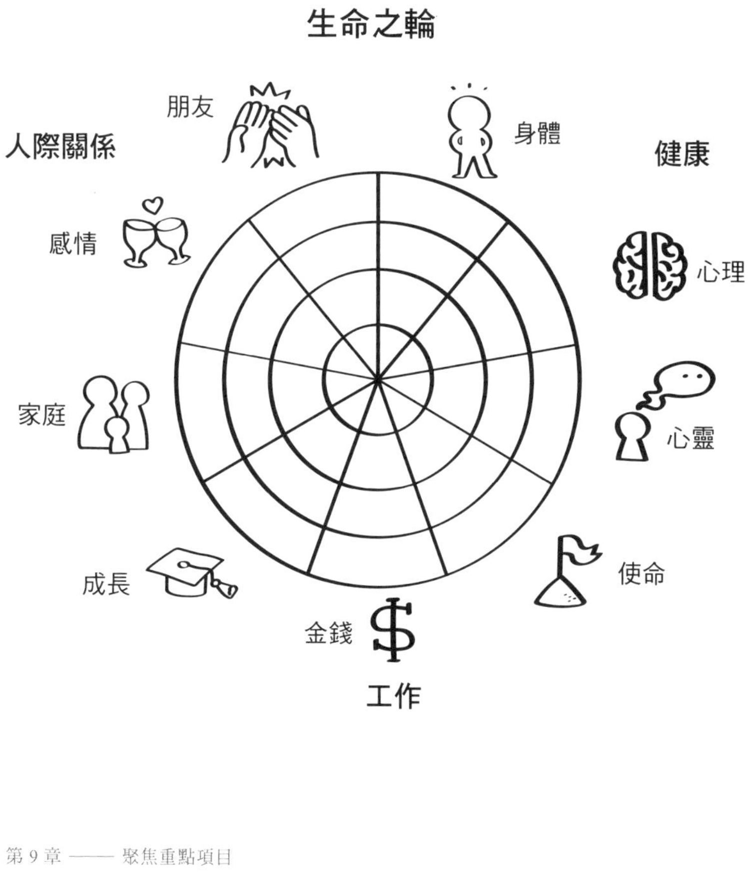

實踐法4 快轉到一年後的慶祝成就

在一定程度上，生命之輪解釋了如何將你的價值觀轉化為一套連貫的目標，這正是我發布第一部影片的靈感來源。它還啟發我至少兩名同學完全放棄了醫學，儘管這並不是利利克拉普醫生的本意。

然而，一切還是感覺有些遙遠，畢竟我們談的是抽象的價值觀，而不是具體的步驟。因此，我們需要接下來的方法：「慶祝一年後的成就」。我最喜歡用這招來將夢想化為行動，它的概念很簡單，只需要想像一年之後，你正在和最好的朋友共進晚餐，慶祝自己在過去的一年裡，在自己看重的生活面向上取得了多大的進步。

回顧你用生命之輪找出的重要價值。現在，寫下你想對最好的朋友說說你在這些面向取得了哪些進展。

面向	慶祝一年後的成就
健康	身體：過去一年裡，我找到了符合我生活方式和喜好的鍛鍊方式，並減掉了十五磅。 心理：過去一年裡，我把心理健康放在首位，開始接受心理治療。它使我更有自我覺察力，並更有效地管理壓力。 心靈：過去一年裡，我致力於每天練習冥想，並參加了一次心靈靜修活動。
工作	使命：過去一年裡，我成功換了一份新工作，這份工作發揮了我的優勢，使我的工作更充實和愉快。 金錢：過去一年裡，我償還了大部分學生貸款，並開始存錢支付房子的頭期款。 成長：過去一年裡，我完成了一門線上課程，擴展了技能，提升了自己的職場能力。
人際關係	家庭：過去一年裡，我安排了更多時間陪伴家人，定期探望他們，也會通電話。 感情：過去一年裡，與伴侶更坦誠的交流，加強了彼此的關係。 朋友：過去一年裡，我努力與老朋友定期聯繫，並結交新朋友，使我的社交圈更多元化，也更能獲得支持。

請把這看作是第4章的水晶球方法，只是這裡是樂觀版本。第4章聚焦在事情可能如何出錯，這裡的重點則是如何把每件事做對。問問自己：「如果我要把一年後的慶祝事項化為現實，需要在接下來的一年裡做些什麼？」第一步行動是什麼？加入健身房？潤色我的履歷？把每週與母親聊天的內容寫進日記？

這麼一來，你看重的價值不再是關於遙遠的未來，而是關係到你在未來幾個月應該採取的步驟。

關注當下

這些讓你的目標與生活保持一致的步驟，可能對於某些人來說還是太遙遠。「明年的你」感覺遙不可及，你需要找到方法，幫助自己從今天開始就做出調整。

我們的目標是讓各種日常決策與我們深層的內在自我相符，這不僅能讓我們感到安心，還能為愉悅生產力帶來強大的驅動力。在一項研究中，紐西蘭懷卡托大學的安娜．薩頓（Anna Sutton）搜尋了五十一項研究，其中包括三萬六千多個資料點，以探索每天真切地過活與整體幸福感之間的關係。她的研究結果顯示，真切生活不只與幸福感具有正向關係，還與她所謂的「積極投入」呈現正相關。這是一個驚人的發現。當人們做出符合個人價值觀和內在自我的決定時，不僅會更快樂，還會更加投入眼前的事務。

因此，與內在自我達成一致的最後一步，就是要轉變思維方式：我們對待自己看重的那些價值時，要從日常生活選擇的層次去思考，而不是只從一生或數年的層次來看。

問題是如何做。我們每天都在做決定，這些決定使我們偏離自己的價值觀。珍視自由的人，卻可能留在充滿限制的工作崗位上，等待配發股份；重視親密關係的人，卻可能把大部分時間花在工作上，忽略了與家人和朋友相處的時間。這些都是日常決定與我們最深的渴望不一致的例子。

不過，只要有了正確的工具，我們就能聰明地再度走向那些最重要的事物，進而維持生產力，並使生活更加豐富多彩。

有了正確的工具，我們就能巧妙地再度走向那些最重要的事物。

實踐法5 三個目標任務

若要把自己看重的長期價值融入日常決定，我最愛用的方法是依據一個簡單的事實：短期目標看起來比長期目標更容易實現。

數十年來，心理學家們早已明白這點。研究人員找來一群數學學不好的孩子，年齡介於七到十歲，並請他們為接下來的幾天設定目標。這些孩子被分成兩組，分別收到些微不同的指示。第一組被要求在七堂數學課中，每一堂課程結束後完成六頁數學練習；第二組的目標則是在接下來的七堂課結束後，完成四十二頁的數學練習。

顯然，兩組的目標只是同一件事換句話說而已，這群孩子在課程結束後都得完成四十二頁的數學練習題。然而，專注於當前目標而非遠期目標，卻帶來明顯的影響。那些以「近期」做為目標的孩子不只是表現更好而已，而是成績比其他孩子高出一倍，他們答對了百分之八十的問題，而另一組只答對百分之四十。更重要的是，他們最終也感到更加自信，而這也是我們感覺愉悅的一大要素。正如心理學家塔莎．尤里奇（Tasha Eurich）所總結：「近期目標不僅幫助這些孩子解決問題，還改變了他們看待數學的方式。」

這與根據你的重要價值而活有何關係？這麼做實際上有助於拉進我們現在所處的位置與目標之間的距離。

若要「慶祝一年後的成就」，有可能令人打退堂鼓，畢竟我連按照自己的重要價值度過一天都有困難了，更不用說一整年。正因如此，那些心懷數學的孩子帶來的啟示更有幫助：每天早上，只需根據你希望在一年後達到的目標選擇三個簡單的行動，就能讓你朝著目標一點一點地邁進。

就我個人而言，我會將自己想要在一年後慶祝的目標存入Google文件中，並在我電腦的網頁瀏覽器中加入書籤。每當我坐下來工作時，我會先打開Google文件，瀏覽一下，提醒自己這一年的目標。然後，在健康、工作和人際關係的項目下，選擇一個子項目作為重點。以下是我今天早上對自己提出的三個目標任務：

- 健康：健身時間，三點半至四點半
- 工作：第9章的寫作取得進展
- 人際關係：打電話給祖母

這種方法不只適用於像我這樣的健身狂／作家／喜歡對長輩噓寒問暖的人。假設你是大學生，目標是提高成績、保持健身和加強友誼，你的三個目標任務可以是：

- 健康：下課後跑步三十分鐘
- 工作：多花一個小時複習明天的考試
- 人際關係：課後和凱薩琳一起喝咖啡

或者你是職場父母，需要兼顧工作、健康和家庭生活，你的目標任務可能包括：

- 健康：在午休時間花十五分鐘散步
- 工作：在午餐前完成專案提案
- 人際關係：為家人做一頓健康的晚餐，並共度美好時光

這種方法的好處是減少以一年做為實現目標的恐懼，把注意力集中在眼前的短期目標上，而不是未來一整年，讓實現目標收到立竿見影的功效。

實踐法6 校準價值和決策

十年前，當我開始研究愉悅生產力時，最大的啟發不是任何一項研究或見解，而是實踐的方法。這一切都始於我把醫學院教給我的科學思維方式，應用到處理快樂、自我實現和生產力等問題時。

因此，最後一項練習讓我們做個總結，學著像科學家一樣去思考生產力的問題。試試看哪些實踐法能為你帶來意義，再應用這些實踐來影響你每天做出的決定。

進行「校準價值和決策」的實驗，可以幫助你檢驗以下的理論，找出什麼能讓你的日常決定更符合你的價值觀。實驗過程可分為三個階段。

首先，找出你在生活中哪個面向的行動特別令你感到缺乏滿足感，你可以試試看悼詞法、奧德賽計畫或生命之輪，可能對你有所幫助。不過，即使不用這些方法，你還是可以察覺到自己生活中的某些面向出現「價值與決策錯位」的問題，無論是工作、人際關係或者嗜好。請想一想，哪些地方令你覺得事情進行得不順利？

試想一位律師，多年來一直想在公司獲得升遷，但她逐漸意識到工作時間過長和壓力龐大的環境對她的個人生活造成了影響。對她來說，目標實驗將幫助她探索其他更符合自身價值觀的工作安排。或者想像一個大學生取得學位是為了符合外界期望，比如家庭給了他壓力，他不是自己真正的興趣。他可能會對課堂的教學內容興趣缺缺，並擔心未來無法照自己所想的選擇工作。在這種情況下，「校準價值和決策」的實驗可能代表著探索替代的求學路徑。

第二，大膽提出假設。學著像科學家一樣思考，意味著我們要採納實驗的思維。科學實驗有所謂的「自變數」，你可以改變，看看會有什麼影響。在你的生活中，若要挑選一個自變數，它會是什麼？你認為它會對你的處境產生什麼影響？

這就是你的大膽假設。前面例子中那位對工作失去動力的律師，她的假設可能是，「調整工作時間或許能讓工作和個人事務更加平衡」，而那個承受外界壓力的學生，他的假設可能是「轉到符合個人興趣和價值觀的系所，或許能為求學生涯帶來更大的滿足感和動力。」

第三步最為關鍵：執行。做出改變。當你這樣做時，看看它對你的處境有什麼影響，會不會讓你的價值與決策更為一致。

為了讓實驗結果有參考價值，你的改變必須是局部的。如果你在生活的每個面向都大改造，你無從知道是什麼改變了你的情緒和思行一致的感覺。因此，一開始只要來點小改變。對於前面提到的律師來說，這可能意味著爭取三個月的兼職調度，或者將令人心累的活動交給下屬，自己專心在更振奮精神的專案上，而不是立即辭職。對前面的學生來說，可能需要先選修不同科目的課程，而不是立刻做出轉系的決定。

當你這樣做時，試著將效果與經歷記錄下來，記下期間遭遇的任何挑戰、成功或看法。透過進行這些實驗，你可以給自己探索另一條路的機會，卻不必天長地久地一頭洗下去——至少，現在還不是時候。

你必須從這些小實驗中意識到，讓價值與決策一致的旅程並沒有明確的終點，而是一個永無止盡的過程。當我們在人生的實驗室中前行，我們必須樂於擁抱實驗，一邊前進，一邊學習。

重點回顧

- 當我們把時間花在與內在自我不相符的目標上，就會產生錯位倦怠。這種倦怠往往會持續幾個月甚至數年。克服錯位倦怠是一輩子的事，我們必須不斷尋覓對我們真正重要的東西，並依此改變行為。
- 儘管說起來容易，做起來難。但是有一些簡單的方法可以讓你找出現今對你最重要的事。首先，著眼於你的長遠未來。試著設想自己正處在臨終前，雖然聽起來有些病態，但這讓你能夠更清楚地知道自己現在想要什麼生活。
- 其次，考慮你的中期未來。試想，一年後你想慶祝什麼成就。再問問自己：我一年後想慶祝的成就，對於我這個星期要做的事情有什麼影響？

後記：像生產力科學家一般思考

我的公寓距離倫敦最大的醫院十分鐘路程。有些時候，當我無法集中精神時，就會朝東邊走，穿過牛津商的逛街人潮，越過瑪麗波恩的維多利亞式大露臺，一直走到醫院寬敞的現代化入口大廳。我會在接待處旁邊買杯咖啡，花幾分鐘望著眼前的醫生們在走廊上奔走，心裡頓時憶起當年那個要命的聖誕節，我把托盤的醫療用品撒了一地。

看著那些穿著手術袍的醫生，他們比起我記憶中的模樣更輕鬆自在，我反思自己從那個聖誕節之後學到了多少。當我回憶起那個災難似的下午，我第一次在醫院病房值班，我現在明白，我的錯誤不在於我認為生產力是什麼，而是我如何看待生產力這件事。

當時，我完全搞錯了根本的策略。我不是從如何感覺愉悅的角度來看待生產力，而是從紀律的角度：我如何給自己施加更大的壓力，讓自己做得更多。我沒有將遊戲、自我賦權和關係能量融入每一次查房，因而陷入了無趣、無力和孤獨的災難。我沒有在日常工作中尋找樂趣，而是花了大把時間想著眼前的一切多麼可怕。（實際上，的確很可怕。）

在那之後的幾年裡，我的生活發生了巨大的轉變。如今，我知道生產力無關紀律，而是做更多能讓你感覺更快樂、壓力更小、精力更充沛的事情。我還知道擺脫拖延症和倦怠的唯一方法，就是從你的處境中找到樂趣——即使你剛把一百三十六瓶藥水弄得滿身都是，也要這麼做。

但我真正的錯誤並不在於生產力策略，而是整體戰略。我相信，只要學會每一種提高生產力的方法、閱讀每一篇網路上的論文，我就能達到自己想要的境界。但我這麼做，其實適得其反，因為我真正需要的是學會像生產力科學家一般思考。

這是為什麼我希望本書的最後一個工具，是「校準價值與決策」的實驗。這是因為長遠來看，只有採取實驗性的觀點，才有希望學到愉悅生產力的祕訣。本書分享了幾十個對我來說十分有用的方法，其中一些可能也對你有用，其他的則不一定能派上用場，但這都很正常。

請記住，這本書不是一份待辦事項清單，而是一種哲學，關乎如何建立你獨一無二的生產力工具包。這個工具包能讓你從愉悅的情緒中獲得滿滿回報，日復一日，長長久久。它也會需要你帶著實驗精神，看待每天的計畫和事務。

因此，我鼓勵你盡可能去嘗試，找出行之有效的方法，摒棄其他無效作為。問問自己，每一種新方法對自己的情緒、能量和生產力會有什麼影響？想找到適合你的愉悅生產力，不能靠死記硬背，而是必須透過實驗。

最終唯有透過不斷評估什麼對你有用，你才會想出如何讓自己感覺快樂的方法，進而走得更長遠。生產力是一個不斷發展的領域，你也會不斷跟著成長，其中還有很多東西需要探索。然而，當你在生活中運用這些原則時，你會發現最適合自己的洞見、策略和技巧。它們會比我教給你的更有效，這是因為它們來自你的內心。

所以，享受這個過程吧。請記住此段過程並不是要追求完美，而是策略性地跌跌撞撞，從中找到行之有效的方法。從失敗中學習，慶祝你的成功。將你的工作從消耗的黑洞，轉化為能量的源泉。

儘管轉變心態有些困難，但只要你做到了，一切都會改觀。如果你能深入挖掘讓你感覺最有活力、最有生氣的東西，你就能到達任何地方，並享受你的旅程。

你的冒險之旅將把你帶往何處？我已經迫不及待想跟你一同見證了！

阿里

想找到適合你的愉悅生產力，不能靠死記硬背，而是要透過實驗。

致謝

首先，我要由衷感謝你拿起這本書。無論你曾經點擊觀看、收聽、閱讀、按讚、評論、訂閱，或只是從二〇一七年開始默默關注我，每一次互動都是一份禮物。你關注對我來說意義重大，也讓我能靠著熱愛的工作為生——學習很酷的東西，並與世界分享。

現在，我有一長串要感謝的人。這本書，就像生活中所有美好的事物一樣，都需要團隊的努力——儘管封面上通常只有一個名字。我很高興地說，這本書的背後是一個非凡的團隊。

首先從企鵝蘭登書屋的基石出版社編輯羅文・博徹斯（Rowan Borchers）開始。羅文，你最初的那封電子郵件是點燃整個冒險之旅的火花。在過去的三年多時間裡，你一直是中流砥柱，精通技術、後勤、文字，尤其是善於提供情感支持，將這本書化為現實。

接著是麥克米倫出版社旗下的青瓷圖書公司（Celadon Books）的編輯萊恩．杜爾帝（Ryan Doherty）。萊恩，你抓住了機會，成為這個計畫在北美的核心。沒有你的推動，這本書不會有今天的樣貌。

感謝瑞秋．傑普森（Rachel Jepsen），另一位出色的編輯，謝謝你用多年的專業知識幫助我，教會了我很多如何成為作家的技巧，我實在感激不盡。你的溫柔鼓勵幫助我努力不懈，偶爾的嚴厲也是敦促的力量。我還記得我們之間的對話，你問：「寫這本書真的是你的首要事務嗎？因為看看你的行事曆，似乎不是……」在競爭激烈的出版業中，你對這個出書計畫的投入，讓它不斷擁有前進的動力，而這本書也因為你的參與而變得更加出色。

還有凱特．埃文斯（Kate Evans），我的卓越經紀人。凱特，你的鼓勵和批評一直是我的指路明燈。我們之間的對話每每總在我失去電力時，成為充電打氣的力量。

接下來要介紹我團隊中的一位重要成員，伊內斯．李（Ines Lee），她在擔任專案首席研究員的同時，還兼顧了劍橋大學研究員和約克大學講師的雙重身分，令人印象深刻。伊內斯，你整合龐大科學數據庫的能力令人驚歎。你對本書和我們的影片、播客帶來如此高品質的貢獻，總是，讓我對你敬佩不已。

還有傑克・愛德華茲（Jack Edwards），他的研究在本書的初期階段發揮了重要作用。傑克，我由衷地感謝你的奉獻，尤其是考慮到你同時還在撰寫自己的新書，還有蓬勃發展的業務和忙碌的社群媒體活動。你在編寫大綱方面所做的貢獻為之後的方向奠定了基礎。

我當然也不能忘記勞倫・拉札維（Lauren Razavi）。雖然我們之間的聯繫可能只是從X平臺上的一個DM開始，但它的影響卻如此巨大。勞倫，謝謝你一路上的寫作指導，也謝謝引薦凱特和芮秋。這次偶遇大大影響了本書的寫作軌跡。

阿祖爾・特羅內斯（Azul Terronez），我的寫作導師，你的話是我寫作這開始寫這本書之後的救生索。「你無法從瓶子裡讀懂瓶子上的標籤」這樣的句子指引我克服了冒牌者症候群，幫助我踏上寫作之路。你的寶貴建議，我銘記在心：「只做嚮導，不做大師，也很好。」（這個觀點最終被寫進了本書。）

大衛·莫爾道爾（David Moldawer），你在企劃階段的嚴厲關愛，正是這個計畫所需。拆解最初的提案，迫使我清楚認識到這本書要傳達的核心訊息。我還要向朋友哈桑·庫巴（Hasan Kubba）喊話，他在幾次腦力激盪會議上提出的意見非常重要，幫助本書形塑出更寬廣的敘事架構。當然，我們還有史蒂芬·昆茲（Stefan Kunz），一位令人難以置信的插畫家，讓我們所有的圖表都栩栩如生。史蒂芬，你的藝術感染力讓本書的視覺效果達到了應有的水準。

我還要向這趟冒險之旅的無名英雄們表示最深切的感謝：基石出版社和青瓷圖書公司的不懈團隊。首先感謝基石出版社團隊：愛麗絲·杜因（Alice Dewing）、埃蒂·伊斯特伍德（Etty Eastwood）、莎拉·萊德利（Sarah Ridley）、瑪格麗塔·桑澤瓦（Margarita Suntzeva）、阿努斯卡·里維

（Anouska Levy）、羅絲・沃迪洛夫（Rose Waddilove）和埃比安・埃加爾（Ebyan Egal），以及在幕後工作的所有人。

同樣地，我要衷心感謝青瓷團隊：德布・富特（Deb Futter）、周瑞秋（Rachel Chou）、珍妮佛・傑克森（Jennifer Jackson）、海梅・諾文（Jaime Noven）、安娜・貝爾・辛登朗（Anna Belle Hindenlang）、克莉絲汀・米基提辛（Christine Mykityshyn）、莉莎・布林（Liza Buell）、費絲・湯姆林（Faith Tomlin）、愛琳・卡希爾（Erin Cahill）、安妮・特沃米（Anne Twomey）和雷貝卡・里奇（Rebecca Ritchey）。你們的持續不懈的努力將本書打造成今天的成就。最後，感謝哈利・海頓（Harry Haydon）設計的精美封面。

感謝非凡的倫敦的ID Audio 公司非凡的音訊製作人艾力克斯・雷門（Alex Rayment）和萊斯利・伍德（Lesley Wood），幫忙將有聲書製作得如此高格調又幽默風趣。

在寫作的這幾年，我意識到出版界真是一個溫馨、生氣勃勃的團體，本書從這個大家庭中受益匪淺。在此，我要特別向作家同行們、創作者、企業家以及許多對我表達善意的人致敬，馬修・迪克斯（Matthew Dicks）、德里克・西弗斯（Derek Sivers）、里安・哈勒黛（Ryan Holiday）、卡爾・紐波特（Cal Newport）、詹姆斯・克利爾（James Clear）、馬克・曼森（Mark Manson）、茱莉・史密斯（Julie Smith）、蒂亞戈・福特（Tiago Forte）、諾亞・卡根（Noah Kagan）、約翰・澤拉茨基（John Zeratsky）、勞倫斯・楊（Lawrence Yeo）、查理・霍珀特（Charlie Houpert）、尼古拉斯・科爾（Nicolas Cole）、史考特・楊（Scott Young）、尼爾・埃亞爾（Nir Eyal）、安妮・勞爾・勒庫夫（Anne Laure Le Cunff）、派特・弗林（Pat Flynn）、凱・希（Khe Hy）和奧古斯特・布蘭德利（August Bradley）。你們的集體智慧無論是以書籍大綱、手稿評論、行銷策略、Zoom會議的形式，或者只是一些老派的溫暖鼓勵，都是無價之寶。感謝你們肯定我，在百忙之中抽空幫忙。當然，其中也包括我自己的團隊：他們日復一日地與我一起工作，以使我們創作出鼓舞人心、富有教育意義的內容，為我們的讀者、觀眾和聽眾打造他們熱愛的生活。

首先是安格斯・派克，他是我的總經理，也是值得我信任的人。安格斯你就像一臺運轉的機器，讓業務的齒輪運轉良好，讓我躲在我的山洞裡讀書寫作。沒有你管理我們的日常運作，我無法全心投入這個計畫。

感謝巴夫・夏爾馬（Bhav Sharma）和丹・安德頓（Dan Anderton）兩位助理替我處理各項瑣事，為我混亂的個人生活和工作帶來秩序。你們使我能夠更專注在我的雜耍表演。衷心感謝我敬業團隊的其他成員：丁丁（Tintin）、貝琪（Becky）、安柏（Amber）、葛瑞斯（Gareth）、雅克（Jakub）、艾利森（Alison）、安迪（Adi）、莎弗（Saf）以及所有提供幫助的自由工作者。沒有你們集體的努力和創意，我們不可能造就今天的影響力。還要感謝卡勒姆・沃斯利（Calum Worsley）、保羅・特恩（Paul Tern）、辛・格瑞布（Sheen Gurrib）、艾默德・扎迪（Ahmed Zadi）、巴布羅・西姆科（Pablo Simko）、伊莉莎白・菲利普斯（Elizabeth Filips）和柯瑞・威爾克斯（Corey Wilks）。衷心感謝你們所有人在早期階段提供的寶貴意見。

在這段旅程中，我不會忘記我的情感基石，伊茲・西利（Izzy Sealey）。

你對我寫作始終如一的鼓勵和穩定的情感支持至關重要，你在我遇到特別棘手的章節時，成為腦力激盪夥伴。你是理智和激勵的聲音，帶領我走在正確的軌道。

我要特別感謝弟弟泰莫爾．阿布達爾和弟媳露西亞．庫爾特（Lucia Coulter），忍受我的無序和充沛精力，尤其是在我們一起生活的最後一年。在本書即將完成之際，你們的耐心不是出於對家人的責任，更是對我的救命之恩。

當然，如果沒有家人的愛和支持，我無法辦到這一切。我的祖母納妮（Nani）教我學習英語，替我灌注學習的熱情，值得特別在此一提。你的激勵、關愛和無盡的鼓勵，支撐起我生命中的很多事物。

最後也很重要的，是我的母親咪咪（Mimi）。她是單親媽媽，多次背井離鄉，為了讓我和泰莫爾接受良好的教育。你的犧牲、工作態度和無盡的愛是我所做的一切的源泉。

參考資料

引言

p.18

心理學家艾麗絲・伊森（Alice Isen）以此為基礎，進行一項頗具影響力的實驗。

Isen, A. M., Daubman, K. A. and Nowicki, G. P. (1987). Positive affect facilitates creative problem solving. *Journal of Personality and Social Psychology, 52*(6), 1122–1131.

p.19

弗德里克森提出了她所稱的「擴展與建構」（broaden-and-build）正向情緒理論。

Fredrickson, B. L. and Branigan, C.(2005). Positive emotions broaden the scope of attention and thought-action repertoires. *Cognition & Emotion, 19*(3), 313–332.

p.22

這種神祕的能量來源是什麼？簡單來說就是：快樂的情緒。這種正向情緒與四種荷爾蒙有關：腦內啡、血清素、多巴胺和催產素，它們統稱為「快樂荷爾蒙」，能夠提振我們的精神。

這篇部落格文章，提出對四種「快樂荷爾蒙」一個概括的說明：

Sethi, C. and Anchal, S. (2021). Happy chemicals and how to hack them. https://classicfitnessgroup.com/blog/ happy-chemicals-and-how-to-hack-them

p.23

弗德里克森和她同事們數十年的研究表明，負面情緒會釋放腎上腺素、皮質醇等壓力荷爾蒙。

雪莉．泰勒（Shelley Taylor）這項研究是最早顯示負面情緒對生物產生影響的研究之一。

Taylor, S. E. (1991). Asymmetrical effects of positive and negative events: the mobilization-minimization hypothesis. *Psychological Bulletin, 110*(1), 67–85.

p.25

二〇〇五年，一個心理學團隊針對幸福與成功之間的複雜關係，飽覽了他們所能找到的全部研究。

Lyubomirsky, S., King, L. and Diener, E. (2005). The benefits of frequent positive affect: does happiness lead to success? *Psychological Bulletin, 131*(6), 803–855.

第1章

p.32

表面上，理查．費曼（Richard Feynman）教授職業生涯的一切看起來都很完美。

故事詳見：Feynman, R. P. (Vintage, 1992). *Surely You're Joking, Mr Feynman! Adventures of a Curious Character.*

p.36

發現盤尼西林抗生素的科學家亞歷山大．弗萊明（Alexander Fleming）曾把他的工作描述為「與微生物一塊玩耍」。

Maurois, A. (Jonathan Cape, 1959). *The Life of Sir Alexander Fleming.*

p.36

康斯坦丁．諾沃肖洛夫（Konstantin Novoselov）因發現石墨烯而獲得二〇一〇年的諾貝爾物理學獎。

Andre Geim and Konstantin Novoselov, quoted in Bateson, P. and Martin, P. (Cambridge University Press, 2013). *Play, Playfulness, Creativity and Innovation.*

p.36

正如最近一項研究指出：「玩耍的心理功能是透過參與令人感到愉悅和放鬆的活動，恢復個人身體與心理的倦怠感。」

Petelczyc, C. A., Capezio, A., Wang, L., Restubog, S. L. D., and Aquino, K. (2018). Play at Work: An Integrative Review and Agenda for Future Research. *Journal of Management*, 44(1), 161–190.

p.38

在二〇二〇年紐約大學和邁阿密大學的一項實驗中，科學家們試圖量化帶著冒險精神看待世界的影響。

Heller, A. S., Shi, T. C., Ezie, C. E. C., Reneau, T. R., Baez, L. M., Gibbons, C. J. and Hartley, C. A. (2020). Association between real-world experiential diversity and positive affect relates to hippocampal–striatal functional connectivity. *Nature Neuroscience, 23*(7), 800–804.

p.41

史都華・布朗（Stuart Brown）博士的大部分職業生涯都在研究玩耍的心理學。

Brown, S. L. (Penguin, 2009). *Play: How it Shapes the Brain, Opens the Imagination, and Invigorates the Soul.*

p.41

當我們找到最能引起共鳴的那些類型，我們就能開始扮演符合我們自己的「遊戲性格」（play personality），帶出我們的冒險精神。

請見：www.nifplay.org/ what-is-play/play-personalities/

p.45

這些問題並不只是酒吧裡的小測驗，而是出自美國加州大學戴維斯分校神經科學中心的研究人員在一項開創性實驗中的十九個提問。

Gruber, M. J., Gelman, B. D. and Ranganath, C. (2014).States of curiosity modulate hippocampus-dependent learning via the dopaminergic circuit. *Neuron, 84*(2), 486–496.

p.46

作家華特・艾薩克森（Walter Isaacson）總結自己的發現：「對任何事情充滿好奇，不但能讓你更有創造力，也能豐富你的生活。」

Isaacson, W. (2017). *Leonardo da Vinci*.

p.48

首席科學家賈克・潘克塞普（Jaak Panksepp）所謂的「快樂生物學」。

Zaborney, M. (20 April 2017). Jaak Panksepp: 1943–2017.*The Blade*. Available online: https://www.toledoblade.com/Deaths/2017/04/20/ Jaak-Panksepp-1943-2017-BGSU-researcher-recognized-for-work-with-emotions-brain.Html

p.49

這種荷爾蒙可以透過「性愛、購物、聞到烤箱裡烘烤的餅乾香味」獲得。

See https://www.health.harvard.edu/ mind-and-mood/dopamine-the-pathway-to-pleasure#:~:text=Dopamine%20can%20provide%20an%20intense,or%20a%20%22dopamine%20rush.%22

p.57

來自哥倫比亞大學的科學家找來一群處於不同發育階段的小白鼠，並在每隻小白鼠的頭頂放置一個網罩，使其受到隔離，無法自由活動。

Klein, Z. A., Padow, V. A. and Romeo, R. D. (2010). The effects of stress on play and home cage behaviors in adolescent male rats. *Developmental Psychobiology*, *52*(1), 62-70.

p.58

兒童在舒適、不帶威脅的環境中，更有可能投入玩耍。

Tegano, D. W., Sawyers, J. K. and Moran, J. D. (1989). Problem-finding and solving in play: the teacher's role. *Childhood Education, 66*(2), 92–97.

p.58

而對工作場所的成年人進行的研究發現，放鬆感會促進遊戲行為，並提高創造力和幸福感。

Mukerjee, J. and Metiu, A. (2021). Play and psychological safety: an ethnography of innovative work. *Journal of Product Innovation Management, 39*(3), 394–418.

p.58

二〇一六年，美國太空總署一位訓練有素的工程師馬克・羅伯（Mark Rober）招募了五萬人來嘗試一項新的電腦挑戰。

你可以造訪以下網站，查看馬克在TED上發表的名為「超級馬里奧效應」的精彩演講：

https://www.youtube.com/watch?v=mCLJBTz9I6U

第2章

p.68

二〇〇〇年九月，里德・海斯汀（Reed Hastings）和馬克・藍道夫（Marc Randolph）試圖將他們剛剛起步的公司Netflix賣給百視達（Blockbuster Video）的執行長。

Hastings, R. and Meyer, E. (Penguin, 2020). *No Rules Rules: Netflix and the Culture of Reinvention* and Randolph, M. (Endeavour, 2019). *That Will Never Work: The Birth of Netflix and the Amazing*

Life of an Idea.

p.70

海斯汀與麥寇德一起建立一套價值觀，以此引領公司文化，其中一大觀念就是注重自由和責任。

McCord, P. (2018). *Powerful: Building a Culture of Freedom and Responsibility.*

p.72

實驗開始時，二十八名女學生被要求在固定的時間騎健身自行車，以測量她們的心率和最大容氧量（運動時身體可吸收和使用的氧氣量）。

Hu, L., Motl, R. W., McAuley, E. and Konopack, J. F. (2007). Effects of self-efficacy on physical activity enjoyment in college-aged women. *International Journal of Behavioral Medicine, 14*(2), 92–96.

p.74

班杜拉……於二〇二一年去世。他是歷史上最具影響力的心理學家之一，而這種影響力要大大歸功於他在一九七七年提出、使他一舉成名的概念：自我效能（self-efficacy）。

Bandura, A. (1978). Self-efficacy: toward a unifying theory of behavioral change. *Advances in Behavior Research and Therapy, 1*(4), 139–161.

p.75

到了一九九八年，心理學家亞歷山大．史塔克維奇（Alexander Stajkovic）和弗雷德．魯坦斯（Fred Luthans）依據涉及近兩萬兩千名受試者的一百一十四項研究，終於能確認班杜拉的理論是對的。相信自己做得到，是確保自己真的做到的第一步。

Stajkovic, A. D. and Luthans, F. (1998). Self-efficacy and work-related performance: a meta-analysis. *Psychological Bulletin, 124*(2), 240–261.

p.76

二〇一四年，班戈大學（Bangor University）的科學家們發表了一項關於自我打氣的研究結果。

Blanchfield, A. W., Hardy, J., De Morree, H. M., Staiano, W. and Marcora, S. M. (2014). Talking yourself out of exhaustion: the effects of self-talk on endurance performance. *Medicine & Science in Sports & Exercise, 46*(5), 998–1007.

p.79

我最喜歡的一項研究是由克萊姆森大學（Clemson University）戶外實驗室所操刀。

Harrison, M. B. and McGuire, F. A. (2008). An investigation of the influence of vicarious experience on perceived self-efficacy. *American Journal of Recreation Therapy, 7*(1), 10–16.

p.85

班杜拉替這些學習經驗的累積取了一個響亮的名字：親身的成功經驗（enactive mastery experiences）。

Bandura, A., Adams, N. E. and Beyer, J. (1977). Cognitive processes mediating behavioral change. *Journal of Personality and Social Psychology, 35*(3), 25–139.

p.89

一個有趣的解釋源於二〇〇九年史丹佛大學教育學院的研究人員進行的一項研究。

Chase, C. C., Chin, D. B., Oppezzo, M. A. and Schwartz, D. L. (2009). Teachable agents and the protege effect: increasing the effort towards learning. *Journal of Science Education and Technology, 18*, 334–352.

p.90

研究人員將這種現象命名為「門徒效應」（protégé effect）。

門徒效應也被稱為「教學相長」(Learning by Teaching)，是由尚・保羅・馬丁（Jean-Pol Martin）在一九八〇年代提出。

Stollhans, S. Learning by teaching: developing transferable skills in Corradini, E., Borthwick, K. and Gallagher-Brett, A. (eds) (Research-publishing.net, 2016). *Employability for Languages*, 161–164.

p.90

此後數年，研究人類智商的研究人員發現，兄姊的平均智商更高，學業成績也比弟妹更好。

Kristensen, P. and Bjerkedal, T. (2007). Explaining the relation between birth order and intelligence. *Science, 316*(5832), 1717.

p.91

根據自我決定理論，內在動機遠比外在動機更有力量。

自我決定理論是關於人類動機的廣泛理論，由心理學家愛德華·德西（Edward Deci）和理查·里安（Richard Ryan）在其開創性著作《人類行為中的內在動機和自我決定》（*Intrinsic Motivation and Self-Determination in Human Behavior*）中提出，該著作於一九八五年出版。

p.96

我最喜歡的一個例子來自FiletOfFish1066，它展現出人類急欲改變現狀時顯露出的卓越能力。

一名Reddit使用者聲稱自己以自動化工作的方式持續六年，甚至忘記如何撰寫程式，最終被解雇。可上「有趣的工程師」（*Interesting Engineering*）網站查閱這篇由里亞·史蒂芬（Leah Stephens）寫於二〇一六年六月八日的文章：http:// interesting engineering.com/culture/programmer-automates-job-6-years-boss-fires-finds

p.101

二〇二一年，一群學者精心設計了一套巧妙的研究，旨在測試僅僅是擁有掌控自我行為的想法，是否會影響人們的感知和行為。

Nanakdewa, K., Madan, S., Savani, K. and Markus, H. R. (2021). The salience of choice fuels independence: implications for self-perception, cognition, and behavior. *Proceedings of the National Academy of Sciences, 118*(30), e2021727118.

第3章

p.105

科學家們早就意識到所謂的「關係能量」（relational energy）：事實上，與他人的互動會對我們的情緒產生深遠的影響。

https://oxford-review.com/oxford-review-encyclopaedia-terms/relational-energy-what-it-is-and-why-it-mattersto-organisations/

p.106

二〇〇三年一項研究中，心理學教授羅布・克羅斯（Rob Cross）、韋恩・貝克（Wayne Baker）和安德魯・派克（Andrew Parker）提出了「能量地圖」的概念。

Cross, R., Baker, W. and Parker A. (2003). What creates energy in organizations? *MIT Sloan Management Review, 44*(4), 51–56.

p.110

這種方式正是史丹佛大學教授葛列格里・沃爾頓（Gregory Walton）和普里揚卡・卡爾（Priyanka Carr）所提出的建議。

Carr, P. B. and Walton, G. M. (2014). Cues of working together fuel intrinsic motivation. *Journal of Experimental Social Psychology, 53*, 169–184.

p.113

在二〇一七年一篇論文中，這些學者召集了一百名學生，以調查團隊合作背後的科學。

Good, A., Choma, B. and Russo, F. A. (2017). Movement synchrony influences intergroup relations in a minimal groups paradigm. *Basic and Applied Social Psychology, 39*(4), 231–238.

p.116

艾倫・盧克斯（Allan Luks）比任何人都更了解這種效應。身為紐約市「美國大哥大姐會」

（Big Brothers Big Sisters of New York City）組織的負責人，盧克斯負責管理一個由數千名志願者和工作人員組成的網絡，致力於改善紐約市青少年的生活。

Luks, A. and Payne, P. (iUniverse, 2001). *The Healing Power of Doing Good.*

p.120

富蘭克林是美國開國元勛，多才多藝

https://www.ushistory.org/franklin/autobiography/page48.htm

p.122

人們對於別人同意提供幫助的可能性，往往會低估至少百分之五十。

Flynn, F. J. and Lake, V. K. B. (2008). If you need help, just ask: underestimating compliance with direct requests for help. *Journal of Personality and Social Psychology, 95*(1), 128–143.

p.123

在二〇一七年的一項研究中，博恩斯發現「求助者認為透過電子郵件提出請求與當面提出同樣有效，但實際上，當面求助比起用電子郵件，成功率高出三十四倍。」

Roghanizad M. M. and Bohns V. K. (2017). Ask in person: you're less persuasive than you think over email. *Journal of Experimental Social Psychology, 69*, 223–226.

p.126

在心理學中，這種自我強化的正向互動被稱為「資本化」（capitalization）。某一篇關於這主題的論文將「資本化」分為兩個部分。

Gable, S. L. and Reis, H. T. (2010). Good news! Capitalizing on positive events in an interpersonal context. *Advances in Experimental Social Psychology, 42*, 195–257.

p.128

在二〇〇六年的一項研究中，研究人員錄下七十九對正在約會的情侶影片，瞧他們彼此如何分享好消息和壞消息。

Gable, S. L., Gonzaga, G. C. and Strachman, A. (2006). Will you be there for me when things go right? Supportive responses to positive event disclosures. *Journal of Personality and Social Psychology, 91*(5), 904–917.

p.130

百分之六十的人在平均每十分鐘的交談中至少會說一次謊。

Feldman, R. S., Forrest, J. A. and Happ, B. R. (2002). Self-presentation and verbal deception: do self-presenters lie more? *Basic and Applied Social Psychology, 24*(2), 163–170.

p.131

作家兼執行長教練金・史考特（Kim Scott）認為解決辦法不是誠實（honest），而是坦誠（candid）。

Scott, K. (St. Martin's Press, 2019). *Radical Candor: Be a Kick-Ass Boss Without Losing Your Humanity.*

第4章

p.136

我見過最奇怪的影片叫做「你有多渴望？」（How bad do you want it?），該影片獲得近五千萬次觀看，講一個年輕人向一位不知名的「大師」請教如何致富的故事。

影片連結在此：www.youtube.com/watch?v=lsSC2vx7zFQ&t=14s&ab_channel= Matt Howell

p.139

以心理學教授約瑟夫・法拉利（Joseph Ferrari）的話來說：「對長期拖延者說『做就對了』，好比告訴一個臨床診斷為憂鬱症的患者，要他振作起來一樣。」

Blaschka, A. (9 November 2022). You're not lazy; you're scared: how to finally stop procrastinating. *Forbes*. Available online: https://www.forbes.com/sites/amyblaschka/ 2021/04/03/ youre-not-lazy-youre-scared- how-to-finally-stop-procrastinating/?sh=2753ed 526dab

p. 143

「不確定性耐受性量表」（Intolerance of Uncertainty Inventory，IUI）

對不確定性耐受性量表想要更加了解，請見：www.psychologytools.com/resource/ intolerance-of-uncertainty/#:~:text=Intolerance%20of%20 uncertainty%20involves%20the,about%20what%20will%20happen%20next

p. 144

關於焦慮和不確定性之間的關係，某研究指出，其涉及的過程會強化不確定性、焦慮和無所作為之間的迴圈。

Grupe, D. W. and Nitschke, J. B. (2013). Uncertainty and anticipation in anxiety: an integrated neurobiological and psychological perspective. *Nature Reviews Neuroscience, 14*, 488–501.

p. 147

因此，德國軍官們不再糾結於要求士兵在戰場上一個口令、一個動作，而是擁抱任務型戰術（Auftragstaktik）這樣的概念。

更多關於任務型戰術的概念請見：small warsjournal.com/jrnl/art/ how-germans-defined-auftragstaktik-what-mission-command-and-not
p. 147
用戰略作家查德・史托利（Chad Storlie）的話來說，這簡直是「一場軍事災難」。
Storlie, C. (3 November 2010). Manage uncertainty with commander's intent. *Harvard Business Review*.
p.158
研究發現，雖然對於某些類型的人和任務來說，具有挑戰性的具體目標可以提高績效，但它們也會產生意想不到的負面影響。
Hopfner, J. and Keith, N. (2021). Goal missed, self hit:goal-setting,goal-failure, and their affective, motivational, and behavioral consequences. *Frontiers in Psychology, 12*, 704970.
p.159
二〇〇九年，哈佛大學、西北大學、賓州大學和亞利桑那大學的研究人員合作發表了一篇論文，題為〈目標失控：過度設定目標的系統性副作用〉（Goals gone wild: the systematic side effects of overprescribing goal setting）。
Ordonez, L. D., Schweitzer, M. E., Galinsky, A. D. and Bazerman, M. H. (2009). Goals gone wild:

the systematic side effects of over-prescribing goal setting. *Academy of Management Perspectives, 23*(1), 6–16.

p.163

藉由想像事件發生的過程，將使我們辨別事情順遂或出錯的能力提高百分之三十。

Klein, G. (2007). Performing a project premortem. *Harvard Business Review, 85*(9), 18–19.

p.164

哲學作家奧利佛・柏克曼（Oliver Burkeman）提到：「時間總是不斷流逝。」

Burkeman, O. (Vintage, 2022). *Four Thousand Weeks*.

p.166

負責的研究小組希望了解有什麼方法，最能有效促成人們運動。

Robinson, S. A., Bisson, A. N., Hughes, M. L., Ebert, J. and Lachman, M. E. (2019). Time for change: using implementation intentions to promote physical activity in a randomized pilot trial. *Psychology & Health, 34*(2), 232–254.

p.168

這些「如果……那麼……」能從根本上改變人們的長期行為。

Gollwitzer, P. M. and Sheeran, P. (2006). Implementation intentions and goal achievement: a meta-analysis of effects and processes. *Advances in Experimental Social Psychology, 38*, 69–119.

第5章

p.179

這些人並非受虐狂。他們是一項開創性恐懼科學研究的受試者。尤其是，他們的目的是為了探索恐懼的神祕力量，以幫助我們克服恐懼。

Kircanski, K., Lieberman, M. D. and Craske, M. G. (2012). Feelings into words: contributions of language to exposure therapy. *Psychological Science, 23*(10), 1086–1091.

p.183

貝克爾將此見解稱為「標籤理論」，表明了標籤會促成自我應驗的預言。

更多關於標籤理論的資訊請見：https://www.simplypsychology.org/ labeling-theory.html

p.185

當彼得・迪利奧（Peter DeLeo）來到加州奧蘭查的牧場之家咖啡廳時，他已經憔悴得幾乎認不出自己，因為他已經連續走了九天。

關於彼得・迪利奧的故事，請見洛杉磯時報的報導：https://www.latimes.com/archives/ la-xpm-1994-12-10-me-7204-story.html

p.186

是什麼原因讓迪利奧在跋涉求救的途中活了下來，而機上另外兩名乘客卻在等待中喪生？救難心理學家約翰・利奇（John Leach）花了數年時間試圖找出答案。

www.bps.org.uk/psychologist/ survival-psychologywont-live

p.188

這個過程的科學名稱是「認知再評估」（cognitive reappraisal）：改變對某種情況的解釋，使我們在情緒上感覺更好。

McRae, K., Ciesielski, B. and Gross, J. J. (2012). Unpacking cognitive reappraisal: goals, tactics, and outcomes. *Emotion, 12*(2), 250–255.

p.195

莎夏・菲爾斯有著幽默、感性、激進、直言不諱的一面。當我站上舞臺，準備高歌，她就會展現她迷人的一面。

www.mirror.co.uk/3am/ celebrity-news/beyonc-create-alter-ego-sasha-27894824

p.195
愛黛兒創造了自己的另一個分身，莎莎・卡特（Sasha Carter）。
adele.fandom.com/wiki/Sasha_Carter
p.197
我陷入被稱為「聚光燈效應」（spotlight effect）的有趣現象。我們總是高度關注別人對我們的看法。
聚光燈效應是由社會心理學家湯瑪斯・吉洛維奇（Thomas Gilovich）、維多利亞・梅德維奇（Victoria Husted Medvec）和肯尼斯・薩維斯基（Kenneth Savitsky）提出。他們在一九九〇年代末和二〇〇〇年初進行了一系列實驗，調查個人認為自我的行為或外表在多大程度上受到他人的關注和評價所影響。在其中一項研究中，他們要求受試者穿上一件引人注目或可能令人尷尬的T恤，然後估計小組中有多少人注意到了這件衣服。結果一致顯示，受試者在很大程度上高估了他人對其注意的程度。
Gilovich, T., Medvec, V. H. and Savitsky, K. (2000). The spotlight effect in social judgment: an egocentric bias in estimates of the salience of one's own actions and appearance. *Journal of Personality and Social Psychology, 78*(2), 211–222.

p.200

蝙蝠俠效應最早是由賓州大學的瑞秋・懷特（Rachel White）教授領導的研究小組所發現。

White, R. E., Prager, E. O., Schaefer, C., Kross, E., Duckworth, A. L. and Carlson, S. M. (2017). The 'Batman Effect': improving perseverance in young children. *Child Development, 88*(5), 1563–1571.

第6章

p.208

我們要求教於瑪琳・惠廷克（Marlijn Huitink），她負責帶領荷蘭一項關於買蔬菜的心理學研究。

Huitink, M., Poelman, M. P., van den Eynde, E., Seidell, J. C. and Dijkstra, S. C. (2020). Social norm nudges in shopping trolleys to promote vegetable purchases: a quasi-experimental study in a supermarket in a deprived urban area in the Netherlands. *Appetite, 151*, 104655.

p.215

我原以為答案應該會是某個深具啟發性的天大祕訣，因此，當我聽完他與我最喜歡的播客提姆・費里斯（Tim Ferriss）的訪談後，我感到有些吃驚。

麥特・莫查里（Matt Mochary）與提姆・費里斯的訪談內容，請見：tim.blog/2023/03/03/ matt-mochary-transcript/

p.216

派丘比任何人都更了解拖延症。二十年來，他發表了超過二十五篇相關論文，他在加拿大卡爾頓大學的「拖延症研究小組」揭示了我們之所以拖延的原因，其科學見解在全球深具影響力。

二〇二二年，我在我的播客「深度挖掘」（Deep Dive）中採訪了派丘博士。點擊這裡查看採訪內容：aliabdaal.com/podcast/tim-pychyl/

p.218

直至二〇〇三年，山德森已經寫了十二部小說。

山德森的寫作年表請見：en.wikipedia.org/wiki/Brandon_Sanderson_bibliography

p.218

無論有沒有寫作瓶頸，山德森都會追蹤寫作字數，每天至少寫兩千字才會停筆。然後，他會將字數從兩千字往上加到四千字，再到六千字，甚至更多。

布蘭登・山德森（Brandon Sanderson）談論自己如何訂定寫作目標：

faq.brandonsanderson.com/ knowledge-base/what-is-your-daily-wordcount-time-goal/

p.219

二〇一六年，研究人員針對一百三十八項研究與近兩萬名受試者進行統合分析。

Harkin, B., Webb, T. L., Chang, B. P. I., Prestwich, A.,Conner, M., Kellar, I., Benn, Y. and Sheeran, P. (2016).Does monitoring goal progress promote goal attainment?A meta-analysis of the experimental evidence. *PsychologicalBulletin, 142*(2), 198–229.

p.226

二〇一〇年，卡爾頓大學心理學家邁克・沃爾（Michael Wohl）注意到他大一新生某個不足為奇的狀況：他們喜歡拖延。

Wohl, M. J. A., Pychyl, T. A. and Bennett, S. H. (2010). I forgive myself, now I can study: how self-forgiveness for procrastinating can reduce future procrastination. *Personality and Individual Differences, 48*(7), 803–808.

第7章

p.234

世界衛生組織（WHO）重新定義了倦怠，它不只是與工作過度有關的壓力症候群，更影響了我們日常生活其他方面。

www.who.int/news/item/ 28-05-2019-burn-out-an-occupational-phenomenon-international-classification-of-diseases

p.240

「人們認為專注意味著對你那些照理說應該專注的事情『說好』，但事實並非如此。它意味著你得對其他一百個好主意說不……創新就是對一千件事說不的決心。」

賈伯斯的演說內容請見：https://www.youtube.com/watch?v=H8eP99neOVs&ab_ channel=Erin%27Folletto%27Casali

p.245

我喜歡來自作家兼音樂家德里克．西弗斯（Derek Sivers）提出的想法，他稱之為「當然可以，或乾脆不要」（hell yeah or no）。

更多關於德里克．西弗斯的作品請見：https://sive.rs/n

p.246

最後，還有一種方法來自研究如何說「不」的全球頂尖專家茱麗葉・方特（Juliet Funt）。

Funt, J. (Harper Business, 2021). *A Minute to Think: Reclaim Creativity, Conquer Busyness, and Do Your Best Work.*

p.248

我從電腦科學家瑞秋・阿德勒（Rachel Adler）和拉克爾・班布南—菲奇（Raquel Benbunan-Fich）於二〇一二年的一項研究中，了解到這一點。

Adler, R. F. and Benbunan-Fich, R. (2012). Juggling on a high wire: multitasking effects on performance. *International Journal of Human-Computer Studies, 70*(2),156–168.

p.250

他每天晚上只有幾個小時和妻兒在一起相處，而大部分時間都花在手機上。

Lengel, D. (March 31 2018). I've decided to reclaim my life– by using an old Nokia phone. *Guardian*. Available online: www.theguardian.com/lifeandstyle/2018/mar/31/nokia-3310-t9-phone-smartphone-iphone-reclaim-life

p.253

在我們的日常工作模式中，許多人都會被一種歪理所迷惑，部落客奈特・索亞雷斯（Nate

Soares）稱之為「放棄型失敗」（failing with abandon）。

更多關於「放棄型失敗」的概念請參見：https://mindingourway.com/ failing-with-abandon/

p.256

二〇〇八年，心理學家詹姆斯・泰勒（James Tyler）和凱薩琳・伯恩斯（Kathleen Burns）邀請六十名本科生前來他們的實驗室。

Tyler, J. M. and Burns, K. C. (2008). After depletion: the replenishment of the self's regulatory resources. *Self and Identity, 7*(3), 305–321.

p.258

今天我們所從事的大多數知識型工作，都需要依靠心理學家所謂的「自我調節力」（self-regulatory exertions）。

自我調節力是指個人管理自己的思想、情感和行為，以實現個人目標的過程。它涉及一系列技能，如控制衝動、延遲滿足、控制情緒反應和保持對任務的專注。

https://positivepsychology.com/ self-regulation/

第8章

p.266

「鑑於二〇二〇年語言變化和發展的驚人廣度，」他們寫道，「牛津年度報告總結這一年無法用一個語詞來概括。」

牛津年度報告請參見：languages.oup.com/word-of-the-year/2020/

p.269

舊金山州立大學和伊利諾州立大學的一個心理學團隊指出，這是一種經過科學證實的現象。他們認為創造性活動特別容易讓我們放鬆。

Eschleman, K. J., Madsen, J., Alarcon, G. and Barelka, A. (2014). Benefiting from creative activity: the positive relationships between creative activity, recovery experiences, and performance-related outcomes. *Journal of Occupational and Organizational Psychology, 87*(3), 579–598.

p.276

在賓州郊區一家醫院的安靜病房裡，兩組病人正在進行膽囊手術後的康復治療。但他們的恢復速度並不一樣。

Ulrich, R. S. (1984). View through a window may influence recovery from surgery. *Science, 224*(4647), 420–421.

p.279

這些與大自然的連結甚至不需要花一分鐘。在一項研究中，研究人員召集了一百五十名大學生，測試他們的專注力。

Lee, K. E., Williams, K. J. H., Sargent, L. D., Williams, N. S. G. and Johnson, K. A. (2015). 40-second green roof views sustain attention: the role of micro-breaks in attention restoration. *Journal of Environmental Psychology, 42*, 182–189.

p.279

二〇一八年發表的一項研究讓參與者閉上眼睛聆聽大自然的聲音，如鳥鳴聲、雨林的聲音、海鷗的聲音、夏季的雨聲。儘管他們只聽了七分鐘舒緩的自然聲音，但在聽完後的幾個小時裡，他們都感覺更加精力充沛。

Sona, B., Dietl, E. and Steidle, A. (2019). Recovery in sensory-enriched break environments: integrating vision, sound and scent into simulated indoor and outdoor environments. *Ergonomics, 62*(4), 521–536.

p.281

一組來自瑞典和荷蘭的心理學家調查了步行對心理健康的影響。

Johansson, M., Hartig, T. and Staats, H. (2011). Psychological benefits of walking: moderation by company and outdoor environment. *Applied Psychology: Health and Well-Being, 3*(3), 261–280.

p.285

「預設模式網路」（default mode network, DMN），負責掌管我們心不在焉的狀態，帶著我們回憶往事，做白日夢和想像未來。

For a pioneering study on the default mode network, see Raichle, M. E., MacLeod, A. M., Snyder, A. Z., Powers, W. J., Gusnard, D. A. and Shulman, G. L. (2001). A default mode of brain function. *Proceedings of the National Academy of Sciences, 98*(2), 676–682.

第9章

p.296

二〇一八年，謝爾敦招募了一群有興趣進行山脊健行的人。

Sheldon, K. M. (2020). Going the distance on the Pacific Crest Trail: the vital role of identified motivation. *Motivation Science, 6*(2), 177–181.

p.297

到了二〇一七年，許多科學家開始認為，就像凱妮絲為了考試而學習一樣，除了純粹的內在動機外，另外還有三種不同類型的動機，統稱為「相對自主性的連續體」（relative autonomy continuum，RAC）的範疇：

Sheldon, K. M., Osin, E. N., Gordeeva, T. O., Suchkov, D. D. and Sychev, O. A. (2017). Evaluating the dimensionality of self-determination theory's relative autonomy continuum. *Personality and Social Psychology Bulletin, 43*(9), 1215–1238.

p.301

肯塔基大學艾蜜莉·萊金斯（Emily Lykins）教授領導的研究小組利用這次令人痛苦的經歷來探討一個簡單的概念：當我們思考死亡時，我們將對生命有更清楚的認識。

Lykins, E. L. B., Segerstrom, S. C., Averill, A. J., Evans, D. R. and Kemeny, M. E. (2007). Goal shifts following reminders of mortality: reconciling posttraumatic growth and terror management theory. *Personality and Social Psychology Bulletin, 33*(8), 1088–1099.

p.303

「高風險學生照料者莉蓮·潘恩去世，享年九十歲。」在她的生平報導中寫道：「莉蓮努力消除與青少年之間的鴻溝。」

這則軼事來自莉蓮．潘恩的精彩故事，詳見：

medium.com/i nspired-writer/the-most-powerful-writing-exercise-i-did-at-stanford-c59ba6a6fa93

p.304

事實上，潘恩在史丹佛商學院選修了「生前預備書」（Lives of Consequence）的熱門課程。羅德．克萊默（Rod Kramer）教授經常指派學生撰寫自己的訃文：假設自己此生已過得圓滿，過著他們想要的生活，直到生命的最後一刻，他們會寫些什麼。

課程資訊請見：https://law.stanford.edu/nl-course/lives-of-consequence-howindivid uals-create-happy-meaningful-and-successful-lives/

p.306

一九九〇年代初，比爾．伯內特（Bill Burnett）在蘋果公司工作了幾年。他的成名作是協助設計了第一支蘋果滑鼠。但事實上，伯內特參與了數十個不同的專案，並很快成為設計團隊中不可或缺的一員。

Burnett, B. and Evans, D. (Vintage Digital, 2016). *Designing Your Life: How to Build a Well-Lived, Joyful Life*.

p.310

在《科學》雜誌發表的一篇論文中，一群心理學家利用價值肯定干預措施來縮小性別與物理學成就之間的差距。

Miyake, A., Kost-Smith, L. E., Finkelstein, N. D., Pollock, S. J., Cohen, G. L. and Ito, T. A. (2010). Reducing the gender achievement gap in college science: a classroom study of values affirmation. *Science, 330*(6008), 1234–1237.

p.319

在一項研究中，紐西蘭懷卡托大學的安娜・薩頓（Anna Sutton）搜尋了五十一項研究，其中包括三萬六千多個資料點，以探索每天真切地過活與整體幸福感之間的關係。

Sutton, A. (2020). Living the good life: a meta-analysis of authenticity, well-being and engagement. *Personality and Individual Differences, 153*, 109645.

p.320

研究人員找來一群數學學不好的孩子，年齡介於七到十歲，並請他們為接下來的幾天設定目標。

https://www.entrepreneur.com/ growing-a-business/the-science-behind-baby-steps-how-to-tackle-goals-big-and/245767

國家圖書館出版品預行編目資料

高效原力：用愉悅心態激發生產力，做更多重要的事 / 阿里．阿布達爾（Ali Abdaal）作；盧相如譯. -- 初版. -- 臺北市：三采文化股份有限公司，2024.03
面； 公分
ISBN 978-626-358-297-2（平裝）
1.CST：成功法

177.2　　113001085

Trend 83

高效原力

用愉悅心態激發生產力，做更多重要的事

作者｜阿里．阿布達爾（Dr Ali Abdaal）　譯者｜盧相如
編輯三部副總編輯｜喬郁珊　版權選書｜杜曉涵　編輯｜王惠民
美術主編｜藍秀婷　封面設計｜李蕙雲　版型設計｜莊馥如
校對｜周貝桂　內頁插圖｜林子茜　內頁排版｜菩薩蠻電腦科技有限公司
行銷協理｜張育珊　行銷企劃主任｜陳穎姿

發行人｜張輝明　總編輯長｜曾雅青　發行所｜三采文化股份有限公司
地址｜台北市內湖區瑞光路 513 巷 33 號 8 樓
傳訊｜TEL：（02）8797-1234　FAX：（02）8797-1688　網址｜www.suncolor.com.tw
郵政劃撥｜帳號：14319060　戶名：三采文化股份有限公司
初版發行｜2024 年 3 月 29 日　定價｜NT$450
4 刷｜2024 年 6 月 5 日

FEEL-GOOD PRODUCTIVITY by ALI ABDAAL